BIRGER P. PRIDDAT

WIR WERDEN ZU TODE GEPRÜFT

Wie man trotz Bachelor, Master & Bologna intelligent studiert

MURMANN PUBLISHERS

Dieses Buch wurde klimaneutral produziert

Bibliografische Information der Deutschen Nationalbibliothek
Die Deutsche Nationalbibliothek verzeichnet diese Publikation in
der Deutschen Nationalbibliografie; detaillierte bibliografische
Daten sind im Internet über http://dnb.d-nb.de abrufbar.

1. Auflage 2014
Copyright © 2014 by Murmann Publishers GmbH, Hamburg
ISBN 978-3-86774-378-5

Lektorat: Evelin Schultheiß, Ahrensburg
Herstellung, Umschlaggestaltung, Layout und Satz: Murmann Verlag
Druck und Bindung: CPI books GmbH, Leck
Printed in Germany

Besuchen Sie uns im Internet: www.murmann-publishers.de

Ihre Meinung zu diesem Buch interessiert uns!
Zuschriften bitte an **info@murmann-publishers.de**

Den Newsletter des Murmann Verlages können Sie anfordern unter
newsletter@murmann-publishers.de

Inhaltsverzeichnis

WOZU STUDIEREN?

Wozu studieren? Um die Antwort gleich vorwegzunehmen: aus vielen guten Gründen natürlich. Es gibt gar keine Alternative, wenn man sich schon die Mühe gemacht hat, das Abitur zu erwerben – gerade jetzt, wo die Oberstufenzeiten noch um ein Jahr verkürzt worden sind. Das Abitur rüstet nicht mehr in ausreichendem Maß für die moderne Welt. Immerhin befinden wir uns bereits im 21. Jahrhundert, am Beginn des dritten Jahrtausends, was insofern bedeutsam ist, als wir damit auch in das neue Zeitalter der Wissensgesellschaft, des *digital age*, getreten sind.

Muss man künftig mehr wissen? Darum geht es nicht. Es geht auch nicht um mehr Bildung, wie es im 19. und frühen 20. Jahrhundert gefordert wurde.[1] Ich komme aus dieser bildungsbürgerlichen Tradition und weiß, welche Qualitäten und welche Abarten damit verbunden wurden. Darauf werden wir ab und zu zurückkommen, um einzuschätzen, worauf es heute tatsächlich ankommt. Aber die Wissensgesellschaft ist kein bloßes Schlagwort oder eine Mode, sondern weist auf den Umstand, dass wir in allen Bereichen der Gesellschaft ständig mit neuen Erkenntnissen, neuen Einschätzungen und neuem Wissen konfrontiert werden – vor allem später, nach der Zeit von Schule und Studium. Wir müssen also lernen, damit umzugehen.

Gehen Sie davon aus, dass Sie einen Gutteil dessen, was heute noch vermittelt wird, vergessen sollten, weil sich künftig viele Sachverhalte und Kenntnisse ändern werden und Sie darauf vorbereitet sein sollten: »Entlernen« wird genauso wichtig, wie Neues aufzunehmen. Es reicht es nicht mehr aus, sich einfach auf das zu verlassen, was man gelernt hat (und nach den Prüfungen zum Großteil ohnehin wieder vergisst). Wichtig ist, sich darin zu trainieren, ständig neues Wissen zu verarbeiten, zu sortieren und nutzlose Kenntnisse zu vergessen – zumindest vorübergehend. Denn wir werden auch lernen müssen, das nicht genutzte Wissen wiederzufinden, wenn wir es doch einmal wieder brauchen.

Aber im Grunde genommen können wir das bereits, insbesondere aber Sie, die jüngere Generation. Sie sind mit dem Internet aufgewachsen, Sie wissen, wie man an Informationen herankommt. Wahrscheinlich stellen Sie längst Ihre Hausarbeiten (in der Schule) oder Seminararbeiten (an der Universität) über Google zusammen, sind versiert in Textmontage (*remix*).[2] Das ist – nur als erster Fingerzeig – eine im Vergleich zur Bildungsvermittlung in Vorinternetzeiten völlig neue Art und Weise, mit Wissen umzugehen, auch mit wissenschaftlichem Wissen. Der Soziologe Dirk Baecker spricht in diesem Zusammenhang vom Computerzeitalter, das das Buchzeitalter ablöst, mit Folgen für unsere Art und Weise, zu denken.[3]

Ich bin noch mit Büchern groß geworden, habe noch mit Büchern gelernt. Studieren bedeutet eine Jagdstrecke von 1,5 Meter eigener Bücher – *the European minimum* – das erzähle ich meinen Studenten und bekenne mich damit zu meiner alten

Sichtweise. Sie sehen, ich bin noch alte Schule (und Geistes- beziehungsweise Sozialwissenschaftler). Naturwissenschaftler lächeln bereits über diesen Unsinn. Sie lesen nur noch Aufsätze (aus renommierten Zeitschriften). Die Ökonomen ebenfalls. Und die Bibliotheken kaufen diese Zeitschriften nicht mehr, sondern mieten Internetzugänge (über Passwörter). Mittlerweile bieten die wissenschaftlichen Zeitschriften Online-Formate an – bevor die Artikel offiziell veröffentlicht werden (von Gutachtern in referierten Zeitschriften ausgesucht), kann man die Papers bereits im Netz lesen.

Das kann man natürlich zu Hause erledigen, aber: Was soll man lesen? Was ist relevant? Dazu brauchen wir Universitäten mit Lehrern, die in Seminaren erklären und mit ihren Studenten erörtern, was als Wissenschaft gilt und was davon für wen relevant ist. Vieles, was in den heutigen Lehrbüchern steht, ist bereits veraltetes Wissen; die Forschungsavantgarde ist längst weiter und hat einiges von dem infrage gestellt, was in der wissenschaftlichen Literatur noch liegen geblieben ist: Sie ist oft nur noch eine Art aktueller Theoriegeschichte.

Ich halte Lehrbücher für eher problematisch; sie sollten nicht zur Grundlage von Seminaren gemacht werden. (Man kann in ihnen einmal nachlesen, wie sich bestimmte Kollegen die Ordnung eines Wissensgebietes vorstellen. Das ist aber auch schon alles.) Universitäten sollten Ort des lebendigen Gesprächs und ausgedehnten Gedankenspiels sein. Nur wenn man »nachdenken« kann, was Wissenschaftler »vor-gedacht« haben, kommt man ins wissenschaftliche Denken. Also: Her mit Originalliteratur. Und gleich von Anfang an. Studierende brauchen Vorlagen, denen »nachzudenken« sich lohnt, nicht kompiliertes, pädagogisch aufbereitetes Zeug.

Noch einmal: Wozu also studieren? Weil es immer weniger Berufe und Jobs geben wird, in denen neues Wissen keine Rolle spielt. Lassen Sie sich nicht verführen von Ratschlägen, schon gleich nach dem Abitur Geld zu verdienen. Was soll das »frühe Geld«, wenn Sie sich damit in Positionen begeben, die von denen, die Universitätsabschlüsse haben, überholt werden? Ihr früher Vorteil erweist sich später als Bremse. Und da Sie – in welchem Beruf auch immer Sie arbeiten werden – gezwungen sein werden, immer weiter zu lernen, ist es besser, das Lernen zuvor gelernt zu haben. Die, die solche Ratschläge erteilen, kommen aus einer alten Welt, in der Wissen noch keine so große Rolle spielte. Es sind Auslaufmodelle.

Aber: Was studieren? Auch hier ist die Antwort einfach: Studieren Sie das, was Sie immer schon interessiert hat. Vergessen Sie die Ermahnungen, etwas »Vernünftiges« zu studieren oder etwas, womit Sie später viel Geld verdienen können. Das Einzige, was Sie interessieren sollte, ist das, was Sie interessiert, das, worauf Sie neugierig sind, das, womit Sie sich beschäftigen wollen. Und wenn es Archäologie ist oder Mikrobiologie oder Philosophie oder Koreanisch. Oder Neuroscience.

Ich sage das mit voller Überzeugung, weil ich so viele junge Menschen erlebt habe, die irgendetwas studiert haben, weil ihre Eltern das wollten, oder weil sie glaubten, das würde später mehr *cash* bringen. Und die todunglücklich damit waren oder völlig desinteressiert an den Fächern. Da frage ich, warum sie studieren. Um ein Zertifikat zu bekommen? Die Zeit, die sie dafür an der Universität verbracht haben, war sinnlos vertan, vergeudet für das bloße Abarbeiten von Prüfungen. Sie kommen ärmer heraus, als sie hineingegangen sind.

Solche Studierenden sind für Professoren eher wenig anregend, sie interessieren sich nur für das, was prüfungsrelevant ist. Alles andere, das, was vor den Prüfungen passiert – das Gespräch im Seminar, die eigene Lektüre, die eigene intellektuelle Arbeit, eigene Gedanken etc. –, ist für sie nur Mittel zum Zweck, nämlich möglichst schnell durchzukommen. Ich weiß, dass viele Studierende mit dieser Haltung ihr Studium angehen. All diejenigen, die so denken und fühlen, will ich ernsthaft davon abhalten, an die Uni zu gehen. Gehen Sie auf eine Berufsakademie oder Fachhochschule und arbeiten Sie dort Ihren Fächerkanon ab, aber stören Sie nicht die akademische Atmosphäre einer reifen Universität. Und halten Sie nicht die, die mit echtem Interesse und mit Leidenschaft studieren wollen, durch Ihre Lustlosigkeit und Ignoranz vom intellektuellen Zugewinn ab. Auf Studierende, die die intellektuelle Neugier an die Universitäten getrieben hat, wirken die müden Kommilitonen, die lustlos im Seminar oder in der Vorlesung herumhängen, nur demotivierend. Und Professoren, die sich an diese Klientel gewöhnt haben, werden zu Zynikern. Das alles verdirbt die Universität.

Bleiben wir aber realistisch: Die Universitäten sind angefüllt mit jungen Menschen, die nicht wissen, welches Geschenk ihnen mit dem Studium gemacht wird. Abgesehen von einigen Ausnahmen hat sich der Großteil der Universitäten dem schlichten Verwertungsdenken längst angepasst und sich, besonders im Bachelor-Studium, in eine Abfertigungsmaschine verwandelt. In diesem Buch lesen Sie, wie man in dieser verschulten und oft lustlosen Umgebung trotzdem intelligent, gleichsam partisanenartig studieren kann.

Damit keine Missverständnisse aufkommen: Ich male hier nicht das Bild des akademischen Elfenbeinturms. Universitäten sollen ihren eigenen Themen intensiv nachgehen, aber natürlich auch gesellschaftlich und wirtschaftlich relevante Zusammenhänge integrieren. So halte ich es für selbstverständlich, dass Studierende auch praktische Erfahrungen sammeln, Praktika in privaten oder staatlichen Organisationen und Institutionen regulärer Bestandteil des Studiums sind. Und ich halte es für an der Zeit, Seminare in Teilen umzuwandeln in Projekte, die Wissen anwenden auf relevante Themenstellungen, auch in Kooperation mit Unternehmen, Behörden, Verbänden, Non-Profit-Organisationen etc. Und das nicht nur für Wirtschafts- und Politikstudenten, sondern für die Studierenden aller Fakultäten. Nur über den Einblick in praktische Arbeitszusammenhänge können sie sich ein breit gefächertes Bild der Gesellschaft aneignen, das ihnen später hilft, in verantwortlicher Position zu handeln. Mediziner müssen die Krankenhausorganisation früh kennenlernen, Naturwissenschaftler die Laborbetriebe etc. Aber Naturwissenschaftler sollten auch einmal in Abgeordnetenbüros assistieren, um mitzubekommen, wie Gesetze gemacht werden. Und Mediziner sollten in Konzernen Praktika machen, um mitzubekommen, wie man große Organisationen effizient führen kann.

Mein Doktorvater Harald Scherf, ein Mathematiker und Ökonom, hat als Student in einem englischen Bergwerk gearbeitet, ich selbst war auf einer Werft und im Stahlbau. Sie können auch bei Aldi an der Kasse arbeiten, mit Greenpeace Wale auf schnellen Booten schützen oder Bäume fällen in Kanada. Überhaupt halte ich es für gut, wenn Sie vor dem Studium ein Jahr arbeiten, vielleicht sogar eine Lehre machen. Auch wenn diese Arbeiten alles andere als erfüllend sind, es bleiben Ihnen Ihre Erfahrungen, die Sie dort machen, Sie lernen Menschen kennen, die ein Leben lang an solche Arbeitsplätze gefesselt sind: Gehen Sie heraus aus Ihrem Milieu, und lernen Sie die Gesellschaft kennen. Lernen Sie die Welt kennen und verstehen, wie sie ist, und lernen Sie dann aus der Differenz Ihre Milieus kennen und einschätzen.

Am liebsten würde ich sehen, dass jeder, bevor er an einer Universität aufgenommen wird, die Realisierung eines gesellschaftlichen Projektes nachweist – ob als Arbeiter, Angestellter oder als Unternehmer, ist gleich. Das Plus an Erfahrung, das man so an die Universität mitbringt, wirkt sich erfahrungsgemäß für das gesamte Studium positiv aus. Die heutige Gewohnheit, aus der Schule gleich wieder in die Schule zu wechseln, verdirbt die ersten Semester – nicht nur, weil viele erst einmal nur Party machen – und verstellt den Blick auf das intellektuelle Projekt, das gerade beginnt.

Universitäten bilden, aber sie bilden nicht aus. Die Berufsorientierung, die jetzt für das Bachelor-Studium propagiert wird, ist eine Farce. Kein Universitätsprofessor oder Assistent kann für einen Beruf ausbilden. Sie haben davon kaum eine Ahnung. Sie sind Lehrer und Wissenschaftler. Immer, wenn sich die Gelegenheit bot, habe ich Manager und Unternehmer gefragt, ob die Studierenden praxisnäher ausgebildet werden sollten. Sofort begeisterte Zustimmung. Meine Rückfrage, was die Studierenden nach einem Studium können sollen, blieb unbeantwortet. Ebenso die Frage, was ich ihnen für die nächsten 30 Jahre mitgeben soll. So weit hat niemand gedacht. Universitäten sind darauf ausgelegt, für das ganze Leben zu bilden und nicht auf eine bestimmte Praxis hin, die im Übrigen in fünf Jahren bereits wieder anders aussehen kann. Als Universitätslehrer kann ich nur bilden, das heißt, Kompetenzen entwickeln helfen, die es den

Studierenden später ermöglichen, sich – tendenziell – in jede Praxis einzuarbeiten. Aber ich kann auf keine spezifische Praxis hin ausbilden! In Fachhochschulen dürfte das anders gesehen werden, da dort häufig Praktiker unterrichten.

Als ich 1969 zu studieren begann, stellte sich die Frage nach dem Beruf für uns nicht. Es war einfach klar, dass wir etwas werden. Uns blieb gar nichts anderes übrig, als bloß zu studieren. Die Idee, das Studium auf einen Beruf auszurichten, wäre uns eher merkwürdig vorgekommen. Deswegen studierte man doch, um nicht für einen Beruf ausgebildet zu werden. Das Studium stand für Freiheit des Denkens und der Intellektualität. Es ging nicht darum, sich Wissen effizient anzueignen, sondern darum, zu verstehen, wie die Dinge zusammenspielen. »Das richtige ›Wissen-Müssen‹ kann heute weniger denn je in der optimierenden Ansammlung von Kenntnissen liegen. Es muss die Reflexion der Beschränktheit menschlicher Erkenntnisse umfassen. Wir müssen nicht nur wissen, sondern verstehen – und dabei auch verstehen, dass wir oft entscheiden müssen, ohne zu wissen. Nur das kann uns zu verantwortlichem Handeln befreien.«[4]

Jost Stollmann (der in Schröders Schattenkabinett 1998 für den Wirtschaftsminister vorgesehen war, dann aber zurücktrat; er galt damals als der Top-Unternehmer der BRD) antwortete 1998 bei einer Veranstaltung vor Wirtschaftsstudenten auf die Frage, wie man studieren sollte: Studieren Sie Philosophie in Paris, gehen Sie dann für drei Jahre zu einer Unternehmensberatung, machen anschließend Ihren MBA in Harvard und leihen Sie sich schließlich Geld von Ihren Verwandten, um das eigene Unternehmen zu gründen.

Nun will nicht jeder Unternehmer werden, aber die Freiheit, das zu tun, worauf man neugierig ist, um sich dann schnell die Fähigkeiten anzueignen, die man braucht, um dann wieder das zu tun, worauf man neugierig ist und bei dem man sein eigener Herr ist, ist bestechend – ein Modell für freie Geister. Vergleichen Sie es mit den faden Vorschlägen, die Sie so häufig zu hören bekommen: Studiere schnell und zielbewusst, damit du erfolgreich Karriere machen kannst. Wie aber soll man sich für etwas entscheiden, was man noch gar nicht kennt? Und – eine Nuance bei Stollmann – warum soll man studieren, um dann Angestellter zu werden? Warum nicht gleich ein freier Mensch, ein Unternehmer werden? Das betrifft nicht nur Wirtschaftsstudenten. Gerade Naturwissenschaftler, aber auch Philosophen, Soziologen, Indologen, Agrarwissenschaftler etc. können dieses Ziel anvisieren. Warum nicht? Die Frage, ob Sie mit Ihrem Studienfach später auch eine Arbeit, bekommen, stellt sich so dann gar nicht. Als Unternehmer nehmen Sie sie sich.

Mediziner, Zahnärzte, Apotheker, Rechtsanwälte, Architekten etc. – viele von ihnen werden Unternehmer: in ihrer eigenen Praxis, in ihrer Apotheke etc. Aber keiner sagt es ihnen vorher. Sie werden in Fragen der Betriebsführung schlicht nicht ausgebildet in ihren Fakultäten (mit leichten Änderungen jetzt, wo die Gesundheitsökonomie aufzublühen beginnt. Aber dann wird gleich wieder ein spezieller Studiengang entworfen. Aber darum geht es hier nicht: Es geht darum, dass diese Betriebswirtschaftslehre in den gewöhnlichen Studiengängen mit gelehrt wird. Natürlich dann von Praktikern). Was heißt hier praxisnahe Ausbildung (wie sie das Bologna-Programm für den Bachelor vorgibt)? Wenn Sie eines dieser Fächer anpeilen, studieren Sie Betriebswirtschaft gleich parallel (oder einen MBA) dazu. Sie müssen Kostenrechnung, Führung, Personalwesen,

Finanzen etc. ebenso beherrschen wie Ihre Fachkenntnisse, denn eine Arztpraxis, ein Architekturbüro, eine Rechtsanwaltskanzlei – das sind *auch* Unternehmen. Wenn also schon teure Ausbildung, dann richtig.

Vielleicht wissen Sie nach abgeschlossener Schulausbildung noch gar nicht – und für viele trifft das ganz sicher zu –, was Sie alles wollen könnten. Der Horizont ist womöglich einfach nicht weit genug geöffnet. Dann testen Sie, machen Sie Experimente. Studieren Sie Universität! Suchen Sie sich Seminare in den Fächern aus, die Sie neugierig machen. Und gehen Sie hin – notfalls fragen Sie höflich, ob Sie mitmachen dürfen. Suchen Sie sich dafür eine Universität aus, an der solche Besuche möglich und sinnvoll sind und die solche Anfragen nicht wegen chronischer Überfüllung der Hörsäle ablehnen muss.

Universität studieren – nehmen Sie alles mit an geistigem Reichtum, was Sie interessiert und Sie verkraften. Bewegen Sie sich wie ein Fisch im Meer des Geistes. Sie lernen möglicherweise Dinge kennen, von denen Sie nichts wussten, die Sie aber plötzlich mehr interessieren als die, die Sie bisher verfolgt haben. Lassen Sie sich also überraschen: Eine Universität ist eine Universität, mit einem großen Angebot an Themen, Fächern, Ideen und Sichtweisen. Nutzen Sie die Chance, so viel wie möglich davon kennenzulernen. Sie bekommen sie so nur einmal in Ihrem Leben.

Sie werden in einer Weise gebildet, die völlig neu ist für Sie, und Sie lernen unbekannte Welten kennen – und neue Menschen.

Und wo soll das Ganze stattfinden? Wo also studieren? Manche überlegen, fürs Studium gleich ins Ausland zu gehen. Dass Sie – beziehungsweise Ihre Eltern – gehörig dafür in die Tasche greifen müssen, ist Ihnen klar. Ob es Ihre Berufsaussichten verbessert, bleibt indessen unklar. Wahrscheinlich steigen Ihre Berufschancen in dem Land, in dem Sie studieren. Die Alternative Ausland oder Deutschland bleibt eine abstrakte Überlegung, solange Sie sie nicht mit Ihren Wünschen und Erwartungen abgleichen. Viele ausländische Universitäten sind strenger reglementiert als die deutschen, und es gibt große Qualitätsunterschiede. Was erwarten Sie also von einem Auslandsstudium?

Nutzen Sie den Bologna-Prozess: Fangen Sie in Deutschland mit einem Bachelor an und überlegen Sie, Ihren Master im Ausland zu machen. Sie wissen dann genauer, was Sie brauchen und was Sie interessiert. Und Sie haben inzwischen ein paar Informationen mehr über andere Universitäten. Aber: Wenn Ihnen klar ist, dass Sie nur an der Georgetown University Theologie oder Physik am MIT studieren wollen, dann nichts wie hin! Suchen Sie sich in jedem Fall eine Universität, von der Sie erwarten dürfen, dass Sie sich dort bilden und nicht nur »ausbilden« können. Das ist keine einfache Angelegenheit – zumal als Studienanfänger.

Die Frage ist also: Wie kommen Sie zu Ihrer Entscheidung? Über das Internet? Einen ersten Einblick werden Sie sich verschaffen können. Aber eine Internetsuche lohnt sich erst dann wirklich, wenn Sie schon wissen, was Sie suchen. Und ob das, was Sie dort lesen, stimmt, wissen Sie immer noch nicht. Deshalb: Wenn irgend möglich, fahren Sie hin.

Ich habe Studenten kennengelernt, die nach dem Abitur zunächst eine »Bildungsreise« unternommen haben. Ich gebe zu, das waren sehr wenige. Aber es gibt ein bestechendes Konzept: Viele machen nach dem Abitur ohnehin eine große Reise. Die wäre doch ganz einfach mit Abstechern zu interessant erscheinenden Universitäten zu verbinden. Gehen Sie in »Ihre« Fakultäten und reden Sie mit allen, die Sie dort finden: Studenten vor allem, Professoren, Assistenten. Fragen Sie sich durch. Wenn Sie merken, dass Sie nicht weiterkommen, weil die Leute blocken, wird das nicht Ihre Universität werden. So gehen die dann auch später mit Ihnen um. Meistens aber werden solche Initiativen sehr begrüßt, und die Leute reden offen über ihre Universität.

Gehen Sie pragmatisch vor. Suchen Sie sich sechs Universitäten aus und reisen Sie dorthin. Sie glauben gar nicht, was Sie alles erfahren werden. Und Sie können prüfen, ob Ihnen die Atmosphäre gefällt, der Duktus, der Geist. Nehmen Sie auch Privatuniversitäten ins Visier. Manche von ihnen haben einen besonderen Esprit, der Ihnen gut gefallen könnte.

Vor langer Zeit haben sich Studenten die Universitäten danach ausgesucht, welche berühmten Professoren dort lehrten, weil sie genau bei denen in die Vorlesung gehen wollten. Und sie haben die Universität gewechselt, um andere berühmte Professoren zu hören. Man studierte *ad personam*, ging als Physikstudent auch zu den Philosophen etc. Ich weiß, diese Zeiten sind längst vorbei, aber vielleicht lässt sich diese Anbindung über Personen wieder reaktivieren: Schreiben Sie Professoren an; Sie werden sich wundern, wie viele positiven Rückmeldungen Sie bekommen werden. Da das heute kaum einer mehr tut, werden Sie schon mal entsprechend Aufmerksamkeit erregen.

Wenn Sie dabei zunächst an die Bürokratien der Universitäten geraten, die Sie nicht an die Professoren heranlassen, machen Sie trotzdem weiter. Arbeiten Sie wie ein Partisan. Wenn Sie bei einem Hochschullehrer studieren wollen, den Sie aus der Literatur kennen und hervorragend finden, versuchen Sie, mit ihm zusammen die Regelungen auszuhebeln. Manchmal gelingt das. Notfalls mit einem »Touristenvisum«. Sie gehen einfach ins Seminar und arbeiten dort mit, auch wenn Sie keinen Schein, kein Zertifikat dafür bekommen. Aber Sie haben dort studiert, wo Sie wollten. Zumindest ein privates Zertifikat des jeweiligen Professors können Sie bekommen, das Sie ohne Weiteres später Ihrem Lebenslauf beilegen können als etwas, das zeigt, dass Sie Ihre eigenen Wege zu gehen verstehen.

Es ist verrückt, wie beschränkt Universitäten heute in ihrem Handlungsspielraum sind. Früher hatten Sie nahezu jede Freiheit, die akademische Freiheit. Heute müssen Sie die Lücken in den Regularien finden, um eigenständige Entscheidungen treffen zu können. Ignorieren Sie die Universität als Verwaltungseinheit und nehmen Sie sie als Universität *sans phrase*. Helfen Sie mit, die »post Universität« (ein Wort, das Markus Giesler erfunden hat) zu gründen, betrachten Sie alle Universitäten der Welt als Knoten in einem großen Netzwerk, in dem Sie sich bewegen. Seien Sie dabei, Muster mit auszubilden, die andere kopieren können.

Das Muster mag »post Universität« (also die Universität nach der Universität), *next university* oder virtuelle Universität heißen. Suchen Sie sich einen Begriff aus. Sie studieren Universität – und nicht nur, wie ich oben schrieb, auf Ihre unmittelbar vorhandene Universität bezogen, sondern universeller. Schauen Sie sich in Ihrer Universität um, was noch zu studieren lohnt, worauf Sie neugierig sind. Schauen Sie sich in Ihren Nachbaruniversitäten um, und schauen Sie sich national/international um. Die Frage heißt für Sie, bei wem Sie studieren wollen, und nicht, an welcher Universität. Die Universitäten sind nur so gut wie die Leute, die dort lehren. Suchen Sie sich die richtigen Leute aus. Gegebenenfalls wechseln Sie.

Studieren Sie in diesem Netzwerk. Vieles werden Sie erst im Laufe Ihres Studiums kennenlernen. Ob die Angebote Ihrer lokalen Universität zum Austauschstudium etwas taugen, müssen Sie selber prüfen – nach Ihren Kriterien. Meist sind es einfach konventionelle Angebote, weil man heute in Deutschland glaubt, im Ausland studiert zu haben, sei schon eine besondere Qualität. Nein. Zeigen Sie, dass Sie Ihr eigenes Studium organisiert haben. Das lässt sich später herzeigen als quasi unternehmerische Initiative. Es ist bereits eine Kompetenz, das selber geleistet zu haben. *No delivery!* Lassen Sie sich nichts liefern, was Sie nicht selbst, nach Ihren Kriterien, geprüft haben.

Überhaupt: Sie sind es, der studiert, also entscheidet. Lassen Sie sich keine Lehrpläne, Programme oder ähnlichen Quark vorsetzen. *No delivery!* Finden Sie heraus, wie Sie die Vorgaben jeweils intelligent unterlaufen. Kooperieren Sie mit klugen Professoren (die das sofort verstehen werden!). Suchen Sie sich die Universität danach aus, welche Freiheit sie in dieser Hinsicht bietet. Es gibt erhebliche Unterschiede. Immer dort, wo sich alle streng an Programme halten, ist der Geist der Universität bereits untergraben. Nehmen Sie das als einen Indikator für Ihre Wahl.

Im Übrigen sind die deutschen Universitäten viel besser als ihr Ruf. Man muss nur die Professoren finden, die tatsächlich exzellent sind. Und die Assistenten, manchmal extrem kluge Köpfe und hilfsbereite Kollegen. In den USA werden deutsche Wissenschaftler mit Kusshand genommen – weil sie so gut sind. Trauen Sie sich also, in Deutschland zu studieren – Ihre Wahl hier zu treffen.

Das Studium ist ein Wagnis. Gehen Sie also am besten auch unternehmerisch an die Sache heran. Es ist ein großes Erlebnis.

Sie werden sich selber entdecken in dem, was Sie können und was Sie wollen. Aber auch in dem, was Sie nicht können. Auch eine wichtige Erkenntnis!

So hält Henry Mintzberg, der *grand old man* der Organisationswissenschaft, die Managerausbildung beispielsweise generell für problematisch; sie qualifiziere nicht für das, was sie ausbilde: Management und Führung.[5] Die jungen Studenten seien für diese Ausbildung noch gar nicht geeignet. Es sei sehr viel sinnvoller, wenn man sich für das Studium gar nicht selber bewerben dürfte, sondern von der Firma, bei der man bereits arbeitet, dafür ausgewählt würde – nur andere könnten das Führungspotenzial eines Bewerbers richtig einschätzen. Und um dafür ausgewählt zu werden, müsste man mindestens 35 Jahre alt sein. Auf die Frage, was man studieren solle, bevor man arbeite, um sich auf diesem Weg für die Managementausbildung auszuzeichnen, antwortete er: »Fangen Sie beispielsweise mit Philosophie an. Irgendetwas, was Sie zum Denken bringt.«[6]

Das ist ein Wort! Auch wenn Sie nicht Management studieren wollen! Studieren Sie Universität, nicht Bologna!

BOLOGNA?

Bologna ist der Name für die Neustrukturierung der Studien-programme,[7] die den Einzug einer ungeheuren Bürokratie in die Universitäten ausgelöst hat. Jedes Studium muss über Modul-handbücher vorstrukturiert werden. Das Hauptargument war: Man müsse, um nach dem Bachelor in einen anderen Master wechseln zu können (möglichst international), gewisse Stan-dards mitbringen. Für die Ökonomie zum Beispiel sieht das so aus, dass weltweit die gleiche Mikro-/Makroökonomie etc. ge-lehrt wird. Es ist ein Einübungsprogramm in eine Grammatik, ein wahnwitziger Disziplinierungsvorgang, gegen den viele Stu-denten längst rebellieren. Denn es gibt keinen Standard im Den-ken; alle heterodoxen Theorien bleiben, zumindest in den ersten Semestern, ausgeblendet. Wenn alle die gleiche Grammatik der Ökonomie lernen, denken auch alle gleich. Aber wozu soll das gut sein? Was nützt es, wenn alle gleich denken? Weil für einen potenziellen Wechsel gewisse Standards erfüllt werden müssen, zwingt das System dazu, dass sich alle anpassen. Das virtuelle Bologna entwickelt sich zu einem globalen Normenkontroll-ausschuss. Nicht in allen Wissenschaften mag es so extrem sein wie in der Ökonomik. Aber wir erleben momentan die Ansätze einer Globalisierung der Wissensgesellschaften. Die Studenten bekommen den Eindruck, dass es ein homogenes Wissen gibt, entgegen allen vorhandenen kulturellen, nationalen und vor allem wissenschaftsheterogenen Anforderungen. Die realen kulturellen Einbettungen jeder Ökonomie (und ihrer Subtexte, Haltungen, mentalen Modelle) werden *in praxi* später zwar angefordert, zuvor aber nicht gelehrt. Da bleibt einem Wirtschaftsstudenten nichts anderes, als Soziologie, Politologie, Kulturwissenschaften etc. parallel zu studieren.

Die »Idee« von Bologna – wenn man überhaupt von einer Bildungsidee reden mag – besteht darin, die Bachelor-Programme (für die man unter anderem das Diplom abgeschafft hat) stärker zu strukturieren, böse Zungen sagen, eng vorzugeben wie an einer Fachhochschule. Dafür muss genau definiert werden, was gelehrt wird (wie die Lehrpläne der Schulen) und jedes so festgelegte Modul (oder gar Teilmodul) geprüft werden. Der Effekt ist, dass die Pflichtfächer dominieren und die Anforderungen in den Wahlfächern oft minimiert werden.

Die perfide »Idee« dieser Strukturierungen gründet auf dem Misstrauen gegenüber den Studierenden, sie seien nicht reif genug, über ihr Studium gleich von Anfang an selber zu bestimmen, und müssten deswegen in das »erforderliche Wissen« eingeführt werden. Das heißt im Klartext: Die Universität behauptet von sich, dass sie weiß, was man wissen soll. Das klingt nicht nur nach intellektueller Anmaßung, es ist eine. Universitäten sind (waren?) Arenen der Auseinandersetzung, des Ringens um Wissen. Und keine orthodoxen Kanzeln, von denen aus kodifiziertes Wissen verabreicht wird. Warum sollen junge Studierende von diesen Auseinandersetzungen ausgenommen sein? Warum simuliert man eine homogene Universität, die im

Kern tatsächlich von kontroversem, heterodoxem, differentem Denken geprägt ist?

Dahinter verbirgt sich eine eigenartige Pädagogik, die davon ausgeht, dass Schülern erst einmal die simplen Dinge beizubringen seien, bevor ihr Geist sich – vielleicht – den komplexeren öffnen könne. Wo dieses falsche Spiel gespielt wird, kann jeder neugierige und kluge Geist sich nur abwenden, bevor ihm der letzte Rest an Wissensdrang und Fragelust ausgetrieben ist. Gedeckt werden diese Abarten durch den Praxis- beziehungsweise Ausbildungsvorbehalt, denen die Bachelor-Studiengänge, wie es in der Bologna-Sprache ausgedrückt wird, unterstehen. Man gibt vor, zu wissen, was in der Praxis gebraucht wird, um dann das zu lehren, was man in den Wissenschaften für praktisch hält. »Praktisch« heißt hier: Es wird standardisiertes Zeug auf die immer gleiche Weise unterrichtet, was den Job der Lehrenden ungemein vereinfacht. Das ist das einzige Praktische daran.

Wir müssen uns hier nicht allzu lange mit diesen Strukturierungen aufhalten (zumal in den folgenden Kapiteln einzelne Bologna-Aspekte immer wieder beleuchtet werden). Für den Moment genügt es, festzuhalten, dass sie für kluge junge Studierende eine Zumutung darstellen. Sie erleben nicht die Wissenschaften, sondern nur die zugerichteten Abfallprodukte in den Lehrbüchern. Und oft nicht einmal darin, sondern in Powerpoint-Batterien. Und um das noch effizienter zu machen, wird schlicht vorgelesen: Der Dozent doziert, und die Studenten versuchen, mitzuschreiben. Diskussionen sind nicht erwünscht. Man versteht gerade einmal die laufenden Sätze, ohne in Zusammenhänge einsteigen, ohne Widersprüche klären zu können. Sie verstehen (kurzfristig), ohne zu verstehen (langfristig). *Mon dieu!*

Ich spreche nicht gegen gute Vorlesungen, die eine geistreiche Architektur ganzer Wissensgebiete entfalten und einen nachdenklich mitnehmen. Man muss nicht sofort und alles *en détail* verstehen, aber man sollte schon in einen großen Zusammenhang eintauchen können, der einem Horizonte eröffnet, die man in keinem Detail findet. Viele Vorlesungen zeichnen sich durch schlechte Rhetorik und die Präsentation schlichter Wissensaneinanderreihungen aus, die sich gedanklich aus sich selbst heraus nicht erschließen. Keine Kritik an den vielen Kollegen: Rhetorik haben sie nie gelernt. Aber dann muss dieses Defizit den Studierenden auch nicht ständig zugemutet werden.

DER ERSTE TAG.
DON'T WORRY.

Die meisten Universitäten sind weder einladend noch übersichtlich. Grausame Architektur, trostlose Hallen und Gänge, selten eine vernünftige Beschilderung. Man merkt sofort, wie sehr der Staat seine künftigen *high potentials* schätzt. Die Finanzierung der Universitäten – hier nur am Aspekt der Gebäude betrachtet – ist nicht nur im internationalen Vergleich beschämend, sondern vor allem ein Ausdruck von Geringschätzung. Insbesondere die Massenuniversitäten sind ein gigantischer Verwaltungsirrtum. Deshalb: Schauen Sie sich immer auch Privatuniversitäten an. Sie sind klein und meist schöner.

Der erste Tag ist verwirrend. Sie müssen sich anmelden und andere Verwaltungsgänge machen. Die unvermeidlichen Schlangen vor den Büros sind zwar lästig, aber auch eine wunderbare Gelegenheit, neue Leute kennenzulernen. Manchmal beginnen hier Freundschaften fürs Leben. Alle, die hier versammelt sind, fühlen sich ähnlich irritiert: Da steckt ein erhebliches Kommunikationspotenzial drin. Bilden Sie kleine Partisanengruppen, ganz unabhängig von der Fächerwahl, um den Verwaltungsdschungel gemeinsam zu durchqueren. Das kann extrem unterhaltsam sein. Versuchen Sie grundsätzlich, Ihr Netzwerk fächerübergreifend auszubauen.

Überhaupt: Gehen Sie in soziale Experimente und erweitern Sie Ihren kulturellen Horizont. Versuchen Sie auf jeden Fall, einen Platz in einer Wohngemeinschaft zu ergattern. Lernen Sie mit neuen Leuten auch neue Lebensstile kennen, und tauschen Sie sich in jeglicher Hinsicht mit Ihren Mitbewohnern aus: Gemeinsam diskutieren, gemeinsam kochen, gemeinsam feiern – es werden bereichernde Erfahrungen sein, die Sie machen. Vielleicht nicht ausschließlich positive, aber bestimmt lehrreiche.

Aber zurück zum ersten Tag an der Uni. Wenn Sie endlich Ihren Formularkram erledigt haben, und Sie wissen, in welchem Gebäude (und in welchem Stadtteil) Ihre Fakultät sich befindet, geht die Suche nach den Räumen los. Und die Auswahl der Vorlesungen, Proseminare etc. Bilden Sie auch hier Gruppen, denn alle stehen vor denselben Problemen. Und wenden Sie sich auf alle Fälle an die Studentenvertretung (AStA): Die Leute, die Sie dort antreffen, wissen über alle Formalien einigermaßen Bescheid und können Ihnen bei Bedarf weiterhelfen. Erkundigen Sie sich nach den Dozenten und Professoren, auch wenn Sie reichlich Vorurteile zu hören bekommen, aber als erste Orientierung könne solche Angaben helfen. Schließlich muss man nicht als Erstes bei den Flachköpfen der Fakultät landen. Allerdings sind die Möglichkeiten, Veranstaltungen und Lehrkräfte selber auszuwählen, eher begrenzt – vor allem als Studienanfänger. Die meisten Universitäten gehen davon aus, dass die »Neuen« in den Anfängerveranstaltungen nicht unbedingt von den besten Köpfen unterrichtet werden müssen. Dabei müssten gerade für sie die Besten gut genug sein, weil sie eingestimmt werden müssen auf die Universität. (Einige Universitäten haben sich hier auch wieder umorientiert.) Was die Studierenden zu Beginn erleben, prägt erst einmal ihre Einstellung zur Universität.

Lassen Sie sich nicht ins Bockshorn jagen. Langweilige Veranstaltungen müssen Sie nicht ertragen, die besuchen Sie gleich gar nicht. Bilden Sie auch hier Gruppen, und gehen Sie arbeitsteilig vor: Je einer (oder zwei) geht in eine Veranstaltung, und die Gruppe trifft sich nachmittags oder am nächsten Tag und arbeitet das Zeug durch. Das ist viel effizienter, als sich mühsam durch etwas zu quälen, was Sie den Teufel nicht interessiert.

Allerdings: Mindestens einmal sollten Sie die verpflichtenden Veranstaltungen besuchen, um die Dozenten oder Professoren kennenzulernen (falls überhaupt zu Anfang solche auftreten). Gehen Sie nur in solche Veranstaltungen regelmäßig, deren Dozent sich als intelligent, witzig und kommunikativ erweist. Ein bisschen *performance* sollte man sich täglich gönnen. Nur dann sind Sie nicht gelangweilt und verstehen, was doziert wird. Suchen Sie sich die Leute aus, mit denen Sie das Studium über zusammenarbeiten wollen. Ansonsten: Arbeitsgruppen.

Schauen Sie, ob der Dozent ein Lehrbuch herausgegeben hat, oder Skripten. Gegebenenfalls besorgen Sie sich die und lernen daraus, da Sie in den Veranstaltungen oft nichts anderes und auch nicht mehr geboten bekommen. Ich weiß von Kollegen, die Ihre Powerpoint-Darlegungen (früher Folien) Satz für Satz vorlesen. Auf Fragen dazu antworten Sie: »Kommt später noch.« Wahrscheinlich haben diese Kollegen ihren Beruf verfehlt. Das alles sind Unterforderungsstrategien, denen Sie sich nicht aussetzen müssen (oder nur im Auftrag Ihrer Arbeitsgruppe, hier haben Sie ja Verpflichtungen).

Ich kenne Kollegen, denen es eine Freude ist, ihren Teilnehmern zu Beginn klarzumachen, dass sie eigentlich gar nicht hierhergehören. So etwa nach dem Motto: »Schauen Sie nach links, schauen Sie nach rechts – in zwei Jahren wird nur einer von Ihnen das Examen machen.« Hören Sie nicht auf solchen Quatsch und achten Sie darauf, bei diesen Kollegen keine Prüfungen machen zu müssen. Sie legen es darauf an, auszusortieren. Wenn es sich nicht vermeiden lässt, fragen Sie Kommilitonen höherer Semester, wie man es schafft, durch solche Prüfungen zu kommen. Erfahrungsgemäß gilt hier, dass Sie wie ein Idiot alles auswendig lernen müssen, um zu bestehen. Solche Kollegen stellen oft nur Wissensfragen. Sie wollen nicht wissen, was Sie verstanden haben, sondern nur sehen, ob Sie diszipliniert und fleißig waren. Es gibt leider genügend Kollegen, die so eingestellt sind, also: Vorsicht!

Blättern Sie die ersten Tage ruhig das ganze Vorlesungsverzeichnis durch und kreuzen Sie an, was Sie interessant finden. Und wenn es 20 Veranstaltungen sind. Gehen Sie überall hin, setzen Sie sich hinein und hören Sie zu. Entweder Sie bleiben, weil Sie wirklich neugierig geworden sind – dann beginnt die Universität wirklich! Oder das, was Sie hören, entspricht nicht Ihren Erwartungen, und Sie notieren sich vielleicht, dass Sie später einmal in ein Seminar dieses Professors gehen. Wir haben es längst vergessen: Wer an einer Universität studiert, studiert Universität, nicht nur Fächer, sondern Themen, Fragestellungen etc.

Das Examen macht man in einem Fach, aber das Studium dahin ist viel breiter angelegt. Warum soll man sich diesen Reichtum entgehen lassen, nur weil die Verwaltungen das Studium anders organisiert sehen wollen. Organisieren Sie Ihr

Studium selbst! Sie sind ein freier Mensch, und die Welt des Akademischen ist eine freie Welt.

Ich betone das, weil die Bologna-Reform die Universitäten weitgehend verschult hat. Das müssen Sie sich aber nicht bieten lassen. Organisieren Sie Ihr Studium nach Ihren Gesichtspunkten und Ihren Neigungen, und lernen Sie, diese Freiheit, die Sie haben beziehungsweise, die Sie sich nehmen können, auszuhalten. Denn Freiheit bedeutet ja gerade nicht, machen zu können, was einem so einfällt. Sondern sich für etwas zu entscheiden und diese Entscheidungen begründen und rechtfertigen zu können. Vor allem vor sich selber. Das zu lernen, ermöglich gerade die Universität in hervorragender Weise. Und das zu begreifen, bedeutet Bildung.

Bildung bezieht sich auf das Bild, das man von sich entwirft und versucht, zu entwickeln. Bildung ist ein Prozess, ein Entwurf und dessen Realisierung. Auch wenn darin eine bürgerlich-romantische Vorstellung von Bildung anklingt,[8] ergibt sie doch ein überzeugendes Gegenmodell zum heutigen Konzept der Lernkurven und Wissensakkumulation. Bildung bedeutet nicht nur Aneignung von Wissen, sondern die Aneignung der Fähigkeit, Wissen zu verstehen, um es im weiteren Leben kompetent und kreativ anzuwenden. Gerade die Fähigkeit, mit Wissen umzugehen, bleibt in den sich ständig ändernden modernen Gesellschaften als Navigationskompetenz.

Ein Zeugnis in der Hand zu halten, ist noch kein Ausweis von Bildung. Sich in einen Prozess zu begeben, aus dem man anders herauskommt, als man hineingegangen ist, dagegen schon. Das Stichwort hier ist Transformation.[9] Früher sprach man von reifer werden, heute würde ich von Selbstbewusstsein und Urteilsfähigkeit sprechen, davon, eine Haltung entwickeln zu können. Damit ist man reif und qualifiziert für vieles (nicht nur für einen Beruf in dem Bereich, in dem man sein Studium absolviert hat). Bildung besteht in »beweglicher Intelligenz und glanzvollem Stil«[10].

Marius Reiser erinnert an Humboldts Vermächtnis: »Humboldt … sah das praktische Ziel der Universitätsausbildung in der Erziehung guter Mitglieder der Gesellschaft, insbesondere in ihren Führungspositionen. Diese benötigten neben gewissen charakterlichen und moralischen Eigenschaften auch einen disziplinierten Intellekt, die Fähigkeit, Dinge zu ordnen und zuzuordnen, die Fähigkeit zu differenzierendem Denken und sachlichem Argumentieren. Mit diesen Kompetenzen sind sie dann in der Lage, sich auf einem beliebigen Feld rasch einzuarbeiten. Mit ihnen haben sie also genau jene Fähigkeit, von der heute so viel geredet wird: Flexibilität. Früher nannte man das geistige Beweglichkeit und Gewandtheit.«[11] Das klingt altbacken und modern zugleich. Fast keine Universität würde das als ihre Bildungsziele mehr nennen. Man hat auf Wissen, nicht auf Denken abgestellt. Für Reiser ist die Universität noch eine pädagogische Anstalt. Das mögen wir heute nicht mehr hören. Denn Universitäten bilden nicht mehr für die Führung der Gesellschaft aus, sondern für alle möglichen Angestelltentätigkeiten. Lassen Sie sich nicht davon irritieren. Bilden Sie genau diese Fähigkeiten aus, die Humboldt bereits als Bildungsziele nannte. Mehr kann man kaum verlangen.

Studieren Sie bloß nicht auf ein Berufsziel hin, sondern für Ihre geistige Entwicklung. Sie werden dann früh genug spezialisiert. Lassen Sie sich jetzt auf die weite Landschaft des Geistigen und Wissenschaftlichen ein. Es wird die einzige Zeit in Ihrem Leben sein, die Sie dafür nutzen können, sich tiefer ins

Nachdenken zu begeben. Ich weiß, dass ich hier gegen den offiziellen Trend anrede. Aber Sie wollen ja nicht den Trend bestätigen, sondern sich selbst. Finden Sie Wege, dies zu tun. Setzen Sie hier Ihre ganze Intelligenz ein.

WOZU UNIVERSITÄT? – NOCH EINMAL: WEGEN BILDUNG.

Damit klar ist, worum es geht: Ich behaupte, Universitäten sind Forschungs- und Bildungsinstitutionen, die als solche bestimmte Kriterien und Anforderungen erfüllen sollten. Die im Folgenden aufgeführte (unvollständige) Liste dieser Merkmale will Ihnen noch einmal Anregungen für die Suche Ihrer Universität geben oder für Ihr Studium, um es so zu organisieren, dass aus ihm ein Bildungsprozess wird. Denn nur für einen Ausbildungsprozess müssen Sie nicht unbedingt eine Universität besuchen:

■ Die Universitäten bilden, aber sie bilden nicht aus.

■ Nicht das Abschlusszeugnis ist entscheidend, sondern das Entwickeln von Wissen, Persönlichkeit, Charakter und Kompetenz im fortlaufenden Gespräch von Forschern und Lehrenden.

■ Eine Universität ist einer der wenigen Orte des lang anhaltenden Gesprächs und des Nachdenkens in der Gesellschaft. Das macht ihre Besonderheit aus.

- Dieser Ort ist nicht abgehoben, sondern steht inmitten der Dynamik einer Wissensgesellschaft. Nachdenken ist kein Privileg, sondern eine gesellschaftliche Aufgabe, die von einer Avantgarde ausgeführt wird.

- Sie denkt künftige Entwicklungen, erprobt neue Theorien und Konzepte. Nachdenken (Reflexion) heißt hier Vordenken. Es gibt in der Gesellschaft keinen anderen Ort, an dem dies so konzentriert geschieht.

- So stellt sich die Universität als Zusammenspiel von Forschung und Lehre dar, das im Sinne des humboldtschen Bildungsideals auf Wechselseitigkeit setzt und nicht – wie im (Bologna-)Trend – auf weitgehende Separierung, durch die die Lehre auf Ausbildungsoptimierung reduziert wird. Jedenfalls fällt mir kein besseres Modell ein.

- Avantgardistisch agiert die Universität in gesellschaftlich und wissenschaftlich relevanten Themenfeldern. Sie zeigt der Forschung neue Wege, auch und gerade zwischen den Disziplinen. In modernen dynamischen Wissensgesellschaften zeigen sich Probleme »undiszipliniert«, das heißt, Lösungen können nie von einer Disziplin oder Fachrichtung allein entwickelt werden.

- Folglich muss die Universität transdisziplinäres Denken lehren, Navigationskompetenz vermitteln und die Öffnung der Reflexion für neue Konzepte, Methoden, Theorien etc. erreichen. Denn was sie in der Forschung avantgardistisch erörtert, soll sich auch in der Lehre spiegeln. Also: keine falsche Pädagogik, sondern von Anfang an Heranführung an die relevanten Theorien, Projekte, Themen, um an dem, was neugierig macht und intellektuell anregt, zu lernen, was es bedeutet, sich diese Theorien, Wissenschaften, Konzepte etc. anzueignen.

- Das ist nicht an fakultären Notwendigkeiten ausgerichtet, sondern zielt auf eine Öffnung: »Die Erziehung der nächsten Gesellschaft bleibt ratlos. Sie verlässt sich auf eine Zweiseitenform, der gemäß wichtig nur sein kann, was nicht in der Schule (Universität) vorkommt.«[12]

- Lernen folgt der Thematisierung und Neugier, nicht einem Schema. Man lernt, was man durcharbeitet, weil man es verstehen will. Alles andere tendiert zum wenig nachhaltigen Auswendiglernen.

- Bildung ist Transformation. Wer Universitäten lediglich als Produktionsstätte sieht, erkennt als deren wichtigstes Ziel – entsprechend der alten Logik von Produkten – lediglich das Zertifikat für die erfolgreich beendete Ausbildung. Diese Logik lautet: schneller Durchsatz, kurze Ausbildungszeiten, frühzeitige Spezialisierung (auf Berufe). In einer Wissensgesellschaft scheint das eine notwendige Entwicklung zu sein, da mehr junge Menschen besser ausgebildet werden sollten. Der Trend im Bildungsmarkt geht in diese Richtung. Es ist ein fataler Trend. So gewährleistet diese Bildungseffizienz keine Qualität: Man lernt eher nur für die Prüfungen, optimiert seinen Einsatz, hat nach dem Abschluss das meiste wieder vergessen und über sich selbst kaum etwas erfahren, seine Kompetenzen und Fähigkeiten nicht kennengelernt und vor allem: niemals richtig nachgedacht.

- Universitäten sind keine Zertifikationsproduktionsstätten, sondern Arenen für die Bildung junger Menschen, die in ihren späteren Positionen die zukünftigen Anforderungen leisten und organisieren. Wissen ist ein Entdeckungs- und Arbeitsergebnis, kein abzuarbeitendes Kursprogramm. Es geht darum, das Lernen zu lernen, darum, eine minimale Trittsicherheit zu erlangen, die man im Umgang mit einer komplexen Gesellschaft braucht.[13]

- Das Produkt einer Universität ist also kein Zertifikat, sondern eine Transformation junger Menschen, die intellektuelle, persönliche und soziale Erfahrungen machen, die sie für verantwortliche Positionen in der Gesellschaft prägen. Auf die Transformation kommt es an: Bildungsgüter sind Transformationsgüter. Vor allem muss man als Persönlichkeit aus diesem Prozess herauskommen. Das Wissen ist ein Entdeckungs- und Arbeitsergebnis, kein abzuarbeitendes Kursprogramm. Man lernt Lernen. Es geht um die Befähigung zu einer minimalen Trittsicherheit, die man im Umgang mit einer komplexen Gesellschaft braucht.[14]

- Nicht die Menge der Prüfungen entscheidet über das Produkt, sondern die Qualität der Persönlichkeitsentwicklung, der intellektuellen Neugier und Tiefe, der Reflexion im weitesten Sinne, das Sichverlieren in Themen, das Nachdenken über Zusammenhänge, die weit über das Lehrangebot hinausgehen, die Ausflüge in andere Zonen des Wissens, die durch Nichtwissen erzeugte Demut etc.

- Nur wenn die Universität sich als diese Anregungsarena versteht, kann sie die neugierigen Geister der Gesellschaft anziehen, die gefordert werden wollen, nicht über schematische Lehrprogramme, sondern über die intellektuelle Auseinandersetzung mit Themen, die den Horizont erweitern. Erst dann wird selbständiges Arbeiten, echtes Studieren möglich. Nicht die pädagogisch verdünnende Zubereitung von Lernstoff macht eine Universität aus, sondern der Einbruch des Denkens ins Höchste, was die wissenschaftliche und intellektuelle Auseinandersetzung zu bieten hat.

- Lehre wird dann *supervision/monitoring/coaching* von Studenten, ein Menü, aus dem die Studierenden das wählen, was sie in ihrer intellektuellen Auseinandersetzung bewältigen wollen. Diese Freiheit gilt es auszuhalten (Ekkehard Kappler).

- Die Forschung ist die tragende Säule einer Universität. Lehre ist Lehre mit Forschern (nicht, oder nur wenig, mit Lehrern). Die Fakultäten werden organisatorisch auf die Ermöglichung von Forschung (und Lehre) beleuchtet.

- Das hat Konsequenzen: Studierende sollten sich nicht nur das Kernwissen ihrer Fächer aneignen können, sondern von den erheblichen theoretischen Entwicklungen in anderen Wissenschaften zumindest Kenntnis bekommen, wie den Komplexitäts- und Systemtheorien, Kognitions- und Neurowissenschaften (*cognitive turn*), der Sprachforschung (*linguistic turn*), den Bildwissenschaften (*iconic turn*), neueren Konzepten in Biologie, Physik und Kosmologie und den Informationswissenschaften (Medien, Netzwerke, Wissensgesellschaft).

WIE LERNEN?
METHODIK UND DIDAKTIK.

Wenn wir vergessen, dass es bei der Bildung um den Menschen geht, wenn wir nur ausbilden statt bilden, verschenken wir Potenziale. Denn wenn man nur versteht, was man kann, aber nicht weiß, was man nicht kann, ist man nicht gebildet. Man weiß nicht, worauf man sich einlassen kann, die Navigationsfähigkeit ist unterentwickelt. Wenn wir hingegen Bildung als eine Anforderung in hypermodernen dynamischen Wissensgesellschaften begreifen, als Entfaltung der Potenziale, dann sind wir bei Aspekten wie Wissen, Verstehen, Können, aber auch Selbsterkenntnis, Eigensinn und Verantwortlichkeit. Bildung heißt, sich ein Bild von sich machen zu können und auch anderen dieses Bild zu vermitteln.

Weil Bildung ein Prozess ist, der mit dem Zeugnis/Zertifikat nicht beendet sein wird, sind Bildungsverträge relationale, unvollständige Verträge: Sie aktivieren ein Potenzial, machen »reich«, entfalten Überschüsse, öffnen Optionen, die erst im weiteren Leben und Arbeiten »fruchtbar« werden. Bildung ist ein Prozess der ständig neuen Selbstbeschreibung, der einen in die Lage versetzt, neue Weltbeschreibungen zu leisten. Es ist also vornehmlich ein kritischer Prozess zwischen Zweifel und Positionierung, höchster Produktivität und Scheitern, Krisis und Überzeugung und Urteilskraft.

Um all das Neue, das sich in dynamischen Wissensgesellschaften entfaltet, aufnehmen und gegen Altes aussortieren zu können, muss Bildung offen sein. Deswegen ist es so wichtig, Lernen zu lernen, da die Universität etwas disponiert, was später von den Alumni selbständig geleistet werden muss: sich weiterbilden.

Die Universität bietet eine Infrastruktur des Denkens, aber denken muss jeder selber – in Selbständigkeit, mit Urteilsfähigkeit, Autoirritation und Überzeugungskraft.

Generell bedeutet Bildung die Fähigkeit, »Wissen immer wieder neu zu erwerben, für bestimmte Situationen zu interpretieren, mit anderem Wissen zu verknüpfen, von einer Situation auf eine andere zu übertragen und in sozial und institutionell strukturierten Kontexten zur Anwendung zu bringen«.[15] Die Paradoxie der Wissensgesellschaft, mehr Wissen zu lehren, das im Laufe dieses Lehrens/Lernens bereits überholt wird durch anderes, neueres Wissen, kann nicht über Lernsteigerungen behandelt werden. Aussichtsreicher ist die Senkung der Überlast von Wissensaneignung, um stattdessen Navigationsfähigkeiten auszubilden und in allen künftigen Wissenswelten flug- und landefähig zu bleiben. Lernen lernen ergänzt Lernen, wird zur Kompetenzkompetenz. Folglich ist die Art und Weise, wie sich Bildung vollzieht, ein entscheidendes Medium für ihr Gelingen. Methodik und Didaktik bilden eine Lernarena, in der Studierende an sich selbst arbeiten lernen, sprich sich bilden können.

Studierende lernen, und sie lernen, wie sie lernen. Nicht durch Extrakurse, sondern in den Seminaren. Die Grundform einer Lernarena ist der Diskurs. Im Diskurs (und durch andere Methoden) lernen sie erstens selbständig, zweitens mit anderen zusammen und drittens in Oszillation mit den Dozenten zu lernen. Nicht was der Dozent den Studierenden beigebracht (geliefert) hat, entscheidet über den Erfolg eines Seminars, sondern das, was die Studierenden verstanden und sich erarbeitet haben. Deshalb stellen wir die Universität von Lehre auf Lernen um.

Diese *customer orientation* ist nicht nur durch den Bologna-/ Berlin-Prozess in Europa gewollt, sondern die Voraussetzung jedweder Bildung. Der Bologna-Prozess leitet eine notwendige Korrektur ein, die aber dann verspielt wird, wenn man die Curricula homogenisiert und fachschulisch zuschneidet. Die Studierenden sollen in jedem Seminar die Chance haben, ihr Thema im Kontext der behandelten Theorien zu bearbeiten. Das setzt voraus, dass alle Prüfungsformen erlaubt bleiben: *free choice*. Und in freier und individueller Absprache zwischen Studierendem und Dozent. Wir nehmen den Bologna-/ Berlin-Prozess ernst: als *educational governance* und *self-governance*.

Dazu sind wechselnde Formen der Wissensaufbereitung in den Seminaren oder verschiedene Veranstaltungsformen wie Seminare, Vorlesungen, Kolloquien, Projektgruppen, Arbeitsgruppen, Lesezirkel etc. möglich und nötig. Die Wahl der Form der Wissensaneignung ist nicht von vornherein durch Lehre dominiert. Intensive Einzelbetreuung (*tutoring* wie in Cambridge, Oxford) mit hohen Lektüreanteilen und studentischer Selbständigkeit ist ebenso möglich wie klassische Vorlesungen und studentische Arbeitsgruppen. Ausgeschlossen sind lediglich Formen der Wissenslieferung, die die Kooperation der Studenten minimieren (Folien mit *low intellectual issues,* dusselige Powerpoint-Präsentationen, vorgefertigte Abfragen, schematische und irritationsfreie Texte etc.).

Studierende haben ein Recht darauf, hochwertig gefordert zu werden. Wozu sind sie sonst an der Uni? Nur dann kann ihre intellektuelle Neugierde evoziert werden. Sie lernen erst hier, was sie nicht wissen. Erst wenn Sie lernen, dass das, was Sie nicht wissen, der mögliche Reichtum des Kennenlernens und Erarbeitens ist, das Objekt Ihrer Neugierde, sind Sie auf dem richtigen Pfad.

Vorlesungen sind sinnvoll, wenn sie freie längere Gedankenspiele bieten, die große Linien des Denkens ausbreiten, die irritieren und sinnverstehend nachvollziehen lassen. Hier kommt es wesentlich auf die Architektur des Denkens und auf die Qualität der Rhetorik an. Rhetorisch Unbegabte sollen keine Vorlesungen halten. Vor allem ist es intellektuell fahrlässig, einfach etwas vorzulesen, was man besser selber lesen könnte: sei es aus Skripten, aus Büchern, von Folien oder aus einer Powerpoint-Präsentation (PPPs sind keine Vorlesungen, sie eignen sich eher für Kolloquien oder im Praxiskontext). Eine Vorlesung muss ein intellektueller Genuss sein. Und ein Impuls zum Selbstdenken. Es geht um Anregung und nicht um aufmerksamkeitsabsorbierendes Mitschreiben.

Die Grundform der intellektuellen Auseinandersetzung sind Seminare. Jedes Seminar ist ein Projekt und die Dozenten sind die Projektmanager. Die Studierenden arbeiten für das Projekt, nicht nur für sich, auch für andere. Protokolle fassen zusammen, sind gute Einleitungen für das nächste Seminar. Kurze Impulsreferate leiten in den nächsten Text ein. Alle sind vorbereitet auf der Basis von Texten.

Seminare arbeiten mit Texten. Sie werden in einem Ordner oder ge*scannt* vorgegeben. Die Literatur sollte Originalliteratur und intellektuell fordernd sein. Lehrbücher können nur begleiten, nicht die Texte ersetzen. Zudem sollten auch Originalbücher verarbeitet werden. Jeder Studierende sollte am Ende des Studiums eine Jagdstrecke von mindestens 1,5 Meter Bücher im Regal haben. Das ist *European minimum*! Kommen Sie mir nicht mit Internet. (Wir reden noch gesondert darüber.) Das Internet besteht nur aus Wissenshäppchen. Wo bekommen Sie die langen Überlegungen, die großen Erzählungen, den Überblick? Nur aus Büchern und von Kollegen, die die Architekturen ihrer Wissensgebiete beherrschen und darlegen können. Deswegen braucht man Bücher und reelle Dozenten (keine Avatare) – das ist und bleibt die Infrastruktur einer Universität.

Seminare arbeiten diskursiv. Man sitzt im Kreis, in einer Reihe! Jede zusätzliche Reihe lädt ein zur Inaktivität, womit geklärt ist, wie groß die Gruppen optimal sein sollen: sieben bis 15 Teilnehmer. Seminare sind Bildungsarenen *sui generis*: Sie bilden soziale Dynamiken und Kompetenzen aus: Zuhören; Warten, bis man an der Reihe ist, sich zu äußern (Geduld); Klarheit des Arguments; Redlichkeit des Begründens; Bezugnahme zur Argumentation der anderen; die Fähigkeit, angeregt zu werden; sympathetische Vergleiche etc. Kolloquien sind nicht nur für Wissenschaftler sinnvoll und nötig, sondern auch für die Studierenden eine gute Form, um längere Arbeiten vorzutragen und gemeinsam zu erörtern (die Diplomarbeiten beziehungsweise jetzt die *thesises*).

Die Freiheit der Wahl der Wissensaneignungsformen geht einher mit der Freiheit der Wahl der Prüfungsformen. Unsinnige Relationen ausgeschlossen und im Hinblick darauf, dass keine Einseitigkeiten entstehen, sondern *good educational mixes*, bekommen die Studenten eine *carte de menue*, auf der sie ihre Anzahl an Hausarbeiten, Klausuren, Referaten und mündlichen Prüfungen abtragen.

Wissen generiert als Wissen nur dann Mehrwert, wenn es nicht kopierbares Wissen ist. Kopier- oder imitierbares Wissen ist, wegen des übermäßigen Angebots, weniger wert. Denn in einer Wissensgesellschaft, in der viele Mitglieder sich in ständigen Wissensprozessen bewegen, zählt nicht Wissen an sich, sondern die Differenzierung des je eigenen Wissens von anderem Wissen. Wissensgesellschaften sind *societies of divided knowledge*. Es geht in ihnen nicht mehr darum, was man generell wissen soll, sondern darum, was man je individuell weiß – im Unterschied zu anderen mit anderen Zuschnitten des Wissens: *individually designed knowledge*, aber anschlussfähig, hoch kommunikabel und in synthetischer Absicht: *to know how and to know why*.

EIN PAAR REGELN FÜR KOLLEGEN: ANFORDERUNGEN, TAKTIK UND GENUSS.

Finden Sie Ihre Arbeitsform. Das ist ein Teil Ihrer Leistung im Studium. Es ist ein Teil dessen, was ich Bildung nenne. Die folgenden Regeln sind für Dozenten/Kollegen geschrieben, können aber Studierenden als Anhaltspunkte für ihren Umgang mit Professoren dienen.

1. Studenten sind erwachsen, neugierig und immer anders.

2. Verzichten Sie weitgehend auf Pädagogik, und bleiben Sie stattdessen immer im Gespräch mit den Studierenden: im Seminar, auf den Fluren, auch zu Hause (einfach einladen).

3. Stellen Sie Fragen. Denn: Wir sind eine Universität. Es gibt keinen Ablass. Immer fragen und nachfragen, fragen Sie mehr, als dass Sie Antworten geben.

4. Nehmen Sie jede Frage ernst und Ernsthaftes ironisch.

5. Führen Sie Ihr persönliches Denken ein, positionieren Sie sich intellektuell. Behandeln Sie eigene Texte (im Kontext anderer) und nehmen Sie Zwischenbilanzen von Diskursen vor.

6. Fordern Sie von den Studierenden intellektuelle Positionierungen ein, zum Beispiel schriftlich. Nicht der Diskurs allein macht glücklich, wichtig für sie ist, zu Einschätzungen und Urteilen zu kommen (Mühsal des eigenen Gedankens) und den Umgang mit Fertigkeiten, Können und Instrumentarium zu üben.

7. Erwarten Sie viel und lassen Sie sich nicht enttäuschen.

8. Geben Sie Impulse für Diskussionen, die dann alleine weiterlaufen. Lassen Sie Thesen oder Entscheidungen von den Studierenden entwickeln, ohne sich daran zu beteiligen, dann aber in die Evaluation gehen (siehe 5).

9. Stellen Sie Gewissheiten als Fallen und als Lösungen her. Agieren Sie polylinguistisch. Theorien sind Theorien, auch im Kontext anderer Theorien. Üben Sie den Kontextwechsel (auch immer wieder für sich selbst).

10. Seien Sie verbindlich, um Verbindlichkeit fordern zu können. Und bleiben Sie konsequent.

11. Setzen Sie auf Humor und avantgardistisches Denken (*a kind of Nietzscheanian laughter*).

12. Kritik ist hilfreich, aber: Konstruieren Sie eine neue Theorie (als Einführung in die Mühewaltung des Positiven).

13. Seien Sie ein aufmerksamer Beobachter und machen Sie die Studierenden auf Ihre Beobachtungen aufmerksam. Nehmen Sie Einschätzungen Ihrer Studenten vor, auch im persönlichen Gespräch.

14. Wechseln Sie Räume und Orte: Halten Sie Seminare während eines Spaziergangs ab oder bei sich zu Hause, in Restaurants, in Klöstern etc.

15. Universitäten sind die letzten Orte des echten Gesprächs. Ihre Aufgabe ist es, die Teilnehmer ins Denken zu führen. Wenn es gelingt, ist es ein Genuss.

GOLDEN RULES:
LESEN, REDEN, SCHREIBEN.
WORAUF ES IM STUDIUM ANKOMMT.

I. LESEN

1. Jeder Text ist eine Argumentation. Finde sie.

2. Schreibe sie auf, kurz und knapp.

3. Freu dich über ein Argument, das du entdeckt hast.

4. Frage dich bei jedem Text: Welche Antwort gibt er auf welche Frage?

5. Schreibe Antwort und Frage auf, in dieser Reihenfolge, kurz und knapp.

6. Frage dich: Gibt es andere Antworten auf die Frage? Suche andere Texte und lies sie (dann wieder: 1, 3).

7. Vergleiche dann die Fragen, die du notiert hast. Ändern sich die Fragen? Wie viele Fragen gibt es? So kommst du in den Taifun des Themas.

8. Stelle nicht nur Fragen an die Texte, sondern, wo möglich, auch an die Autoren (im Haus, per Brief/E-Mail etc.)

9. Schreibe also wieder!

10. In welcher Haltung liest du am liebsten (aufrecht am Tisch, zurückgelehnt im Sessel, bäuchlings im Bett)? Im alten China dauerte die Erprobung der Sessel für die bequemste Lage Stunden (ich finde, diese kleine Geschichte muss so erzählt werden). Ziehe Schlüsse für dich. Stelle dir »Produktionsverhältnisse« her (als eine Form des intellektuellen Minimalstmarxismus).

11. Entscheide, was Bücher für dich sind, und nutze Sie. Es lohnt sich allerdings nicht, viel anzustreichen. Versuche, die drei, vier Absätze anzustreichen, die du für die Quintessenz hältst, oder knicke Eselsohren in drei, vier Seiten.

12. Kaufe die Bücher, mit denen du arbeitest. Gekaufte, gelesene, ausgearbeitete Bücher sind eine Jagdstrecke, die man sich im Regal ausstellt. Ein gutes Studium erzeugt mindestens ein bis zwei Meter Bücher im Regal.

II. REDEN

1. DISKUTIEREN

1. Am Anfang gilt: Jeder hat recht.

2. Zuhören beginnt da, wo man den Einspruch, den man unmittelbar meint, erheben zu müssen, aufschiebt. Denn es könnte ja sein, dass die Darlegung des anderen die eigene Meinung ändert. Rechne mit Gedanken anderer!

3. Argumentiere immer zuerst mit dem Argument der anderen. Rekonstruiere das Argument des anderen so, das es sein Recht behält. Balanciere dein Argument an den Argumenten anderer. Denke das Argument des anderen (mit). Präsentiere ihm damit dein Verständnis seiner Aussagen, um von den vorhandenen Gemeinsamkeiten in die Unterscheidungen gehen zu können. Biete ihm an, die Punkte, an denen du abweichst, zu verstehen, und weise ihn damit auf Gründe hin, die ihn von sich selber abweichen lassen könnten.

4. Mittendrin hat jeder recht und nicht recht. Aber es gibt nun schon Gründe, seine eigenen Argumente zu verteidigen oder aufzugeben oder zu modifizieren. So ist man im Denken angelangt, während man nur meinte, zu diskutieren.

5. Freue dich, wenn andere dir Gründe genannt haben, die dich irritieren, überzeugen und dich von dir abweichen lassen. Wann bekommt man schon etwas geschenkt?

6. Es geht nicht darum, recht zu behalten. (Die Trostlosigkeit, recht zu behalten.)

7. Wunderschön ist es, Konsens zu erleben, verdächtig, wenn er anhält. Diskussionen bilden eigene Meinungen aus, in einem gemeinsamen Prozess (sozialer Kompetenz), nicht aber in Gemeinsamkeit.

8. Ist es nicht belebend, aus einer Diskussion anders herauszugehen, als man hineingegangen ist?

2. VORTRAGEN

1. Rede verständlich und nie zu lange.

2. Lege eine Uhr in Sichtweite und halte dich an die Zeit, die du angekündigt hast. Kündige deine Redezeit an, damit du dich verpflichtest.

3. Argumentiere.

4. Rede frei. Oder lies so vor, dass du dabei ins Publikum siehst. Lass deinen Körper mitsprechen. Versuche einmal, im Hin- und Hergehen zu reden, und lass die Hände mitreden.

5. Am besten, du skizzierst deine Argumentation in ein paar Begriffen, Sätzen groß auf Papier, für dich. So hast du Orientierungsbegriffe, -sätze, um die herum du deinen Vortrag entfaltest.

6. Oder du legst Folien auf beziehungsweise schreibst ein Kategoriensystem an die Tafel als Leitsätze für die freie Formulierung deines Vortrages. Sie sollten so dargelegt sein, dass erst deine Rede sie interpretierend erschließt. Es ist verdammt langweilig, einen Zusammenhang an der Folie/an der Tafel zu sehen, der in der Rede nur wiederholt wird. Folien/Tafelanschriebe müssen metaphorologisch eingesetzt werden, kryptisch. Das erzeugt Spannung im Gegensatz zum Nachbeten von präsentierter Evidenz. Das ist tödlich. (Kreide an Tafeln muss übrigens ein-, zweimal kreischen, aber nie öfter.)

7. Ich rate ab vom Eindeutigkeits- und Perfektionswahn der üblichen Folien- und Powerpoint-Kultur. Evidenz ist langweilig, wenn man sie sich nicht enträtseln, erarbeiten muss.

8. Rede mit Lust und rede nicht herum. Lass der Sprache ihren Witz!

9. Worauf kommt es an? Vor 300 Menschen einen Vortrag halten, der andere überzeugt. Wenn man das gelernt hat, war die Universität sinnvoll. Und ist für alle Positionen in der Gesellschaft disponiert, als freier und selbstbewusster Mensch.

III. SCHREIBEN

1. Lesen trainiert schreiben.

2. Schreibe jeden Tag mindestens einen Absatz. Führe ein *scientific journal*.

3. Lies, was du geschrieben hast, nach ein paar Wochen wieder (stichprobenhaft). Verstehst du es noch? Sonst schreibe es neu: kurz und knapp und verständlich.

4. Übersetze einmal im Jahr ein paar Gedichte aus der fremden Sprache, die du gut beherrschst (und ein paar aus der Sprache, die du nicht so gut beherrschst). Achte auf Klang, Rhythmus und Wortvalenz. Suche Sprechung und Entsprechung.

5. Halte dir »Brieffreunde« und tausche mit ihnen die selbst geschriebenen Texte (zum Beispiel zu einer bestimmten Argumentation) in Briefform aus.

6. Übe dich im Schreiben, darin, Protokolle, Briefe, Aufsätze, Klausuren, Essays zu schreiben.

7. Protokolle anfertigen zu können, gehört zu den Basisfertigkeiten. Sehr wichtig in den Naturwissenschaften, der Medizin und später zum Beispiel unter Managern oder in der Politik. Es gibt Protokolle als knappe Zusammenfassung der Argumentation von Texten, von Diskussionen (nie mehr als ca. eine Seite lang), von Besprechungen. Da-

bei geht es nicht um die Wiedergabe des Wortlauts, sondern um die zentrale Argumentation.

8. Halte dir Brieffreunde und tausche mit ihnen deine selbst verfassten Texte (zum Beispiel zu einer bestimmten Argumentation) in Briefform aus. Entwickle darin einen persönlichen Stil, nicht nur im persönlichen Ausdruck, sondern auch in der Hinwendung an den Adressaten): Was willst du ihm wie schreiben? Entwickle eine eigene Metaphorik und Witz und Charme. Das alles ausgeführt von Hand und auf Papier.

9. Aufsätze sind die erste Stufe längerer Gedankenspiele. Schreibe den Anfang zuerst, dann den Schluss. So hast du einen Rahmen, den du überschreiten kannst. Entwerfe eine Gliederung (der Argumentation, nicht von Überschriften), und schon bist du im Schreiben. Behandele dann das, was du geschrieben hast, wie einen Text. Frage dich, was du fragst. Fasse dann deinen Text knapp und kurz als Argumentation zusammen und prüfe, ob du wirklich das geschrieben hast, was du im knappen Protokoll zusammengefasst hast. Schreibe gegebenenfalls den Aufsatz um und begrenze dich auf 15 Seiten. Verwende einheitliche Zitierregeln (egal, welche; frage, welche bei wem angebracht sind).

10. Klausuren sind eine ideale Schreibform, weil sie zwingen, in einer bestimmten Zeit eine Argumentation zu entwickeln. Vermeide, Wissen aufzuschreiben, und transformiere. Lies die Frage genau und antworte überschüssig. Was fragt die

Klausurfrage, was nicht? Schließe erst einmal alles aus, was nicht gefragt ist. Antworte *straight*, das heißt, lass alles weg, was du meinst, an Wissen auffahren zu müssen. Beantworte einfach die Frage. Und dann fragst du, wie die Frage genauer/anders hätte gestellt werden können. Auf diese, deine umformulierte Frage antwortest du im zweiten Schritt (wenn noch Zeit bleibt). Damit gibst du dir selbst die Chance, dein Ergebnis interessanter zu machen.

11. Essays sind wörtlich genommen Versuche, allerdings nicht Versuche, etwas »auszudrücken« (ich halte den Ausdruck, etwas »auszudrücken«, für fäkalisch), sondern Versuche, sprachlich zu tanzen. Essays versuchen, sich einem Thema polylinguistisch und polyperspektivisch zu nähern, ohne es eindeutig zu benennen. Sie sind nutzlos, zugleich aber die höchste Form der Begegnung mit Sprache (neben der Lyrik). Sie üben Anspielung als *antidotum* gegen Abspielungen.

12. Schreibe am Ende deines Studiums einen Essay zum Thema »Was ist Ökonomie/Physik/Medizin etc.?« Suche dir jemanden in der Universität, der es mit dir bespricht (dazu sind Universitäten da).

13. Führe immer ein Heft bei dir, in dem du etwas notieren/ schreiben kannst. Oder ein Tablet.

PS: Genieße Texte, Diskussionen, Schreiben. Die Universität ist der einzige Ort der Welt, der Texte ins Gespräch bringt, Gespräche erzeugt und Schreiben evoziert. Schreiben erbringt Texte, die ins Gespräch bringen.

BACHELOR – MASTER – DIPLOM.
DIE FORM DES STUDIERENS.

Wenn es für Sie möglich ist, wählen Sie einen Diplomstudiengang. Dann haben Sie fünf Jahre Zeit für Reflexion, Persönlichkeitsentwicklung, Projekte, Auslandsaufenthalte etc. Der Bachelor dagegen bedeutet jedes Semester Prüfungen, deren Zensuren entscheidend sind für das Gesamtergebnis. Sie machen sozusagen von Beginn an Ihre Endprüfungen. Sie studieren eng getaktet, fast wie in der Schule, und alle Studenten sind im Punktefieber: schnell viele Kreditpunkte machen.

Sie haben keine Zeit mehr für Auslandssemester und hören den genialen Rat: Studieren Sie doch nach dem BA im Ausland. Aber dann ist man ja kein Student mehr, muss sich neu einschreiben, bekommt kein DAAD-Stipendium mehr etc. Und man ist im Zweifel, ob man nicht doch gleich lieber den Master (und warum nicht gleich im Ausland) machen sollte. Man will Sie glauben machen, das sei effizient. Dabei ist es nur Druck, Stress und Unfreiheit.

Aber lassen Sie sich nicht schrecken. Gehen Sie auch hier partisanenartig an die Sache heran. Verteilen Sie sich in Arbeitsgruppen und kalkulieren Sie von vornherein eine längere Studienzeit ein. Wenn Sie bei einer der vielen Prüfungen nicht so gut sind, geben Sie ein leeres Blatt ab (oder noch besser ein paar unvollständige Absätze), um später wiederholen zu können. Und wenn Ihr Studiengang so schlecht organisiert sein sollte, dass Sie die Veranstaltung erst zwei Semester später wieder angeboten bekommen? – Na und? Dann haben Sie Zeit für andere, interessantere Seminare. Studieren Sie Universität! Studieren Sie alles, was Sie interessiert. Die Bologna-Reform ist ein Angriff auf die Freiheit des Studiums, also müssen Sie Freiheitskämpfer werden, am besten mit anderen zusammen, und kleine freie Gruppen bilden, die sich die Universität so organisieren, wie sie es für richtig halten! Seien Sie auf eine freundliche Weise subversiv.

Wenn in den Seminaren und Vorlesungen Anwesenheitszwang besteht, na gut, dann füllen Sie eben die Namen Ihrer Kommilitonen auf den Bögen aus. Anwesenheitszwang ist mit das Dümmste, was in letzter Zeit in den Universitäten eingeführt worden ist. »Äffchenschule« hat das eine Studentin genannt. Man wird nicht als Erwachsener behandelt, sondern wie ein Schüler. Wie lernt man so die Freiheit kennen, die die Universitäten klassischerweise bieten?

Falls Sie aber doch in die Veranstaltungen gehen, dürfen Sie mit Unterforderung rechnen. Wenn das der Fall sein sollte – es gibt immer glänzende Ausnahmen! –, das meiste von dem, was Sie dort hören, können Sie besser in Büchern nachlesen. Entscheidend sind meistens nur ein paar Sätze der Dozenten zwischendrin, die sich auf die Prüfungen beziehen. Das können Ihnen aber Ihre »Agenten« mitteilen (die für die Arbeitsgruppe in der Veranstaltung sitzen). Besorgen Sie sich alte Prüfungen (AStA oder Kommilitonen oder im Netz), und klären Sie mit denen, die schon Prüfungen hatten, was Sie beachten müssen, wie es abläuft. Hier lohnt sich taktisches Verhalten.

Um aber keine Missverständnisse aufkommen zu lassen: Natürlich müssen Sie sich mit dem Stoff der Veranstaltungen irgendwie abgeben. Allein schon wegen der Prüfungen. Aber es wird Skripte geben, die Sie fotokopieren oder im Internet beziehungsweise Intranet finden können. Die arbeiten Sie durch. Es lohnt sich, den Stoff an guten Texten zu Hause durchzuarbeiten.

Die Qualität der Veranstaltungen an Universitäten kann extrem unterschiedlich sein. Ich schlage Ihnen nur vor, sich – so es geht – die besten auszusuchen. Das ist die Freiheit, die Universitäten eigentlich bieten sollten. Sie studieren ja nicht, weil Sie sich irgendwie durch langweiliges Zeug quälen, sondern weil Sie geistig angeregt werden und ins eigene Denken kommen wollen. Dazu brauchen Sie Partner, und die suchen Sie sich.

Wenn die Universität für Sie allerdings nur eine Möglichkeit darstellt, schnell an Geld und Karriere zu kommen, wäre es dann nicht konsequent, Ihr Studium auch selbst zu finanzieren? Es gibt genügend Privatuniversitäten, die genau diese Haltung fördern (nur Witten/Herdecke und die Zeppelin Universität sind hier Ausnahmen, die die klassische Universität jeweils auf ihre Art hochhalten). Ich darf es einmal etwas altmodisch formulieren: Dafür, dass die Gesellschaft Ihnen eine hochwertige Bildung ermöglicht (die Studiengebühren sind ja nur ein winziger Kostenanteil), sind Sie in gewisser Weise verpflichtet, verantwortlich zu studieren, das heißt, Ihre Bildung zu vervollkommnen.

Die aktuell laufenden Diskussionen, dass es um bessere Marktfähigkeit oder Anpassung des Abschlusses gehe, halte ich für rhetorische Finten, die davon ablenken, dass der Bologna-

Prozess eher eine optimale Kapazitätsauslastung der vorhandenen Universitäten gewährleisten soll, weil man nicht mehr und zusätzlich zu investieren geneigt ist. Selbst die Kollegen, die diesen Reformprozess begrüßen, beklagen, dass vergessen wurde, für den erheblichen Mehraufwand an Lehre und Betreuung Personal einzustellen. Alle Beteiligten sind mehr belastet – Studenten wie Professoren – und versuchen, sich nur noch durchzubeißen. Das aber ist keine freie Universität mehr.

Das Bachelor-Studium hat eine Neuerung, die Sie nutzen sollten. Ihre Arbeitsleistungen werden nach dem Prinzip des sogenannten Workload angegeben. Das heißt, die erwartete studentische Arbeitsbelastung wird nicht mehr wie früher nach der Präsenzzeit in den Veranstaltungen berechnet, sondern bezieht Ihren gesamten Aufwand – also Ihre Vor- und Nachbereitungszeit – ein: die zum Einlesen benötigte Zeit und die Nachbereitungszeit, inklusive der Prüfungsvorbereitungszeit.

Eigentlich eine kluge Regelung. Tatsächlich wird sie allerdings kaum angewendet. Man hat, bürokratisch, wie die Universitäten geworden sind, einfach die alten Zeitregime aus der Diplomepoche übernommen. Versuchen Sie, das mit Ihren Dozenten zu klären. Ob sie etwas in Ihrem Sinne erreichen, ist offen, zumindest aber erfahren Sie, wie flexibel Ihr Dozent ist (und ob er sich gegebenenfalls auf etwas einlässt, was seine Fakultät nicht kennt oder nicht vorgesehen hat. Testen Sie seine Subversionswilligkeit).

Inzwischen haben auch die Hochschulen gemerkt, dass hier etwas falsch läuft. Es gibt konstruktive Vorschläge neuer BA-Programme, die bereits wieder die alte Diplomlaufzeit beinhalten und auch einen Auslandsaufenthalt. Das sind sehr vernünftige Entwicklungen. Suchen Sie eine Universität, die dieses Programm bereits im Angebot hat, oder wechseln Sie in ein solches Programm, sollte es demnächst häufiger angeboten werden.

An vielen Universitäten erkennt man mittlerweile, dass das alte Diplom doch gut war. Alle Vorteile, die man sich durch BA und MA versprochen hatte, insbesondere der leichtere Wechsel der Universität während des Studiums, haben sich als unsinnig herausgestellt. In anderen Ländern finden sich vollkommen andere Strukturen, und selbst innerhalb Deutschlands lassen sich die Programme nicht ohne Weiteres vergleichen. Nichtkompatibilität, Stress, zum Teil höhere Abbruchraten als früher, Verschulung, keine Auslandssemester sind gute Gründe, die Reform der Reform zu starten. Wie gesagt: Suchen Sie sich eine Universität, die noch oder wieder anders denkt.

Früher waren Studenten gelassener, weil sie frei waren. Heute hingegen herrscht eine Atmosphäre von Leistungsdruck und Konkurrenzdenken. Ignorieren Sie das. Es lohnt sich nicht, wie die Hühner in den Sog der Eile, Hektik und Bissigkeit zu geraten. Lachen Sie die Hektischen aus. Wenn einer, der im ersten Semester Mathematik studiert, für Freunde keine Zeit mehr hat, legt er sein Leben falsch an. Es gibt keinen Grund, sich daran zu orientieren. Distanz macht hier frei. Sie sind kein Schüler mehr. Sie sind auch nicht in Klassen, das heißt in Gruppen organisiert. Suchen Sie sich Ihre eigenen, passenden Gruppen. Sie sind wirklich frei, sich zu entfalten. Wenn Sie später arbeiten, bekommen Sie noch genügend Konkurrenz. Das müssen Sie sich nicht antun, weil Sie ja keine sozialen Spielchen spielen, sondern studieren wollen. Finden Sie Ihren eigenen Weg. Wenn Sie wissen, was Sie können und wollen, kann die Konkurrenz Sie nicht schrecken.

Die Master-Programme sind nach dem gleichen Strickmuster gebaut, nur dass dort weniger Studenten zusammenhocken. Das macht es leichter möglich, richtige Seminare zu veranstalten. Doch auch der MA-Studiengang ist modularisiert. BA- und MA-Studiengänge sollen an allen Universitäten ähnlich oder zumindest vergleichbar sein. Tatsächlich sind aber die Programme beziehungsweise Module wieder so verschieden, dass sie kaum gegenseitig anerkannt werden (noch schwieriger wird es mit dem Ausland). Versuchen Sie dennoch, jede Möglichkeit zu nutzen. Wechseln Sie, wenn Ihnen das Programm oder die Universität als schlecht erscheint. Und wenn eine Universität das nicht anerkennt, was Sie bisher geleistet haben, gehen Sie zu einer anderen. Sie brauchen weder schlechte Qualität noch Schulbürokratie zu akzeptieren.

Ich weiß, dass das aufwendig ist. Aber das Studium ist eine große Chance im Leben. Da sollte man sich wahrlich bemühen, Qualität zu erfahren. Lassen Sie sich nichts bieten, was Sie sich nicht bieten lassen müssen. Und kommunizieren Sie es in den Chats, in Studentenzeitungen und in der Presse. Werden Sie politisch. Machen Sie, mit anderen zusammen, Ihrer Universität Druck, die BA-Studiengänge zu überarbeiten. Der Trend geht in Richtung Ausweitung von sechs auf acht Semester. Helfen Sie Ihrer Universität, das schnell zu realisieren.

Ob der BA Ihnen gute Berufschancen bietet, ist schwer abzuschätzen. Als sicher aber gilt, dass Sie weniger verdienen werden als früher mit dem Diplom. Die Firmen werden diese Chance natürlich nutzen (Sie sind ja »schlechter ausgebildet«), denn das, was Ihnen jetzt im Vergleich zum Diplom an Qualifikation fehlt, werden sie als künftige Arbeitgeber in Form von Ausbildungsaufwand ausgleichen müssen. Zudem bekommen sie jüngere Anfänger, die möglicherweise weniger selbständig sind. Die Pluspunkte für die Firmen: Die Einsteiger kosten weniger und sind eher formbar, im Sinne der Firma. Aber ist das auch in Ihrem Sinne?

Der Bologna-Prozess ist ein großes gesellschaftliches Experiment. Die Folgen sind noch nicht absehbar. Verlassen Sie sich nicht auf politische und andere Versprechungen. Achten Sie auf Ihre persönliche Qualität. Lassen Sie sich nicht auf die Versprechungen ein: Versprechen Sie sich selber ein exzellentes Studium – und organisieren Sie es, auch unter manchmal schwierigeren Bedingungen. *It's your turn!*

EFFIZIENZ?

Soll man effizient studieren? Gott bewahre. Effizient studieren heißt, Maßstäbe anderer – der Wirtschaft, der Gesellschaft etc. – zu akzeptieren. Ich habe »die Wirtschaft« noch niemals kennengelernt. Es gibt ein großes Erwartungsspektrum. Was von Universitätsabsolventen erwartet wird, ist selbständiges Denken, Intelligenz, Qualität. Ob Sie schnell oder länger studiert haben, wird nicht mit einer Latte gemessen, sondern daraufhin eingeschätzt, warum Sie zum Beispiel länger studiert haben – welche Themen, Projekte, Seminare, Schwerpunkte etc. Ihnen wichtiger waren als ein »schneller Durchschuss«. Natürlich gibt es Firmen, die lieber solche Bewerber nehmen, die schnell durchs Studium geschossen sind, weil sie dann womöglich auch bei ihnen in der Firma »effizienter« arbeiten. *So what!* Sie finden andere Formen, andere Organisationen, die Ihre andere Kompetenz schätzen werden. Seien Sie unbesorgt: Auch »die Wirtschaft« oder »die Gesellschaft« ist vielfältig genug, Ihre besonderen Kompetenzen zu schätzen.

Oder: Sie wollen gar nicht in eine Firma, Organisation etc., die Sie nach Maßstäben beurteilt, die nicht Ihrer Kompetenz und Ihrer Persönlichkeit entsprechen. Sie wollen in keine Firma, in keinen Beruf. Wenn Sie intelligent, kreativ und neugierig sind, wollen Sie, wenn überhaupt, in eine Firma, die Ihre Intelligenz, Ihre Kreativität und Ihre Neugier ebenfalls will (so wie viele intelligente und kreative Ingenieure, Informatiker, Manager etc. gleich zu solchen Firmen gehen, die genau diese Leute wollen: Google, Amazon, Microsoft, Yahoo, Facebook etc.).

Doch viele Studenten setzen sich dem Druck aus, der an den Universitäten heute – scheinbar unvermeidlich – erzeugt wird: »Im letzten Semester hat Schmid zehn Klausuren geschrieben, sein Plan war so eng, dass er manchmal Klausuren früher abgeben musste, um zur nächsten Klausur pünktlich zu sein. Im ersten Semester hatte Schmid 26 Semesterwochenstunden, im zweiten 30, im dritten 24. Dienstage sind die schlimmsten Tage, da ist er von acht Uhr morgens bis 21 Uhr abends an der Uni, ein Seminar folgt dem anderen, ohne Pause. Danach fällt er todmüde ins Bett. ›Dienstags brauche ich eine gewisse Beißfähigkeit‹, sagt er. Über Schmid kann man sagen, dass das Larifari-Leben, das manche den Studenten unterstellen, bei ihm definitiv nicht stattffindet. Die Frage ist nur, was er am Ende von dem schnellen Abschluss hat.

›Ich kann dann früher mein Master-Studium beginnen‹, sagt er. Das stimmt – und dann? ›Dann kann ich noch einen zweiten Master machen‹, sagt er. Ja – und dann? ›Dann die Promotion, oder mal sehen‹, sagt er. Das Interessante an Felix Schmid ist nicht die Frage, ob sein persönlicher Werdegang das Richtige ist, sondern warum es so viele Studenten gibt, die gerne genauso wären, nämlich schneller. Als der Durchschnitt.«[16]

Ja warum? Firmen nehmen solche Durchstarter nicht automatisch gerne, weil es ihnen oft an Reife und Erfahrung fehlt (vor allem Berufs- und Praktikumserfahrung).[17] Der schnelle

Studiendurchsatz ist ein Mythos. Letztlich sind die Absolventen danach ausgepowert und haben vieles vergessen, weil sie es schnell für die Prüfung lernten. Vor allem aber ist diese Form der »Effizienz« mit Lebensverlust und unreifem Umgang mit dem intellektuellen Objekt, der Wissenschaft, verbunden. Ich erlebe solche Kandidaten in meinen Prüfungen. Man fragt sie einfach etwas, was sie nicht »gelernt« haben können, und schon schwimmen sie. Sie haben über das Gelernte nicht nachgedacht (»keine Zeit«) und nur prüfungsfokussiert gelernt. Wer von Seminar zu Seminar eilt, hat keine Reflexionsinstanz. Was soll er überhaupt auf einer Universität? Deren *universalia* er gar nicht zur Kenntnis nimmt. Es fehlt die Lust, zu studieren, das Studium ist eher eine Quälerei.

Im Korsett der Einbildung, »konkurrenzfähig« sein zu müssen, machen diese Studierenden das, was alle machen, und sind deshalb weniger konkurrenzfähig als die, die etwas ganz anderes machen und eine ganz andere Performance haben werden. Indem Sie sich zu dem bilden, was Ihr Potenzial entfaltet, wird man Ihnen ansehen, was Sie sind und können. Ihr Auftritt, Ihr Selbstbewusstsein ist anders. Sie sind singulär und selten. Das heißt, auf Ihre Art »effizient«.

Es gibt auch eine »Effizienz« des Studierens, eine Art, sich optimal durch das Studium zu bewegen.[18] Sie erfordert aber eine solche Umstellung Ihrer Gewohnheiten, dass ich bezweifle, ob es sinnvoll ist, Ihre Energien darauf zu geben statt auf die Inhalte, das Nachdenken, das Lesen, das Diskutieren. Natürlich lernen Sie, zu schreiben, einigermaßen vorbereitet zu sein für Prüfungen und Seminare. Aber sein Leben »effizient« einzuteilen, spricht gegen alle Leidenschaften des Denkens, des erotischen und sozialen Lebens, der Muße. Was soll »cleveres

Zeitmanagement«[19] im Studium bedeuten? Schneller lernen, um mehr Partys feiern zu können?

Wahrscheinlich muss man für Prüfungen tatsächlich »effizient lernen«, nämlich all die Teile, die einen nicht wirklich interessieren. Aber das Studium greift weit darüber hinaus: Wenn Sie Leidenschaft für etwas erfasst ... Ich plädiere allerdings nicht für Beliebigkeit und bloße Leidenschaft. Gerade auch das, was einen nicht auf Anhieb reizt, enthält oft Wissenskerne, die man kennen muss, um das zu entfalten, was einen interessiert. Aber nur wenn man eine gewisse Leidenschaft des Denkens hat, ist auch das harte Lernen sinnhaft – nämlich um auch das durchdringen zu können, was sich nicht automatisch erschließt.

Die pausenlosen Prüfungen im neuen Bologna-Studium machen Stress, drängen die Lernenden auf Effizienz. Früher waren die Studenten der ruhigeren Diplomstudiengänge freie Geister, oft gut vorbereitet in den Seminaren. Die neuen Bachelors sind stiller, weil die Zeit für die Vorbereitung nicht reicht. Sie stehen die Seminare durch, sind nicht mehr selbstbewusste Beteiligte.[20] Die Effizienz, die hier vermutet wird, ist ein Defizienzmodus: Man kann nicht mehr frei studieren, nennt es, um irgendeinen positiven Namen dafür zu haben, Effizienz.

Wer so zu studieren genötigt ist, muss tatsächlich sehen, wie er über die Runden kommt. Die Zeit, Bücher wirklich zu lesen, sie aufzunehmen, fehlt. Die Kultur ändert sich, und viele Studenten reagieren pragmatisch darauf und nehmen tatsächlich nur noch die Wissenshäppchen auf, die ihnen die Seminare anbieten. Ihnen reicht, das gelernt zu haben, was die Prüfungen am Ende der Semester abfordern. Die Universitäten bieten fast keine anderen *role models* mehr.

Ich habe immer wieder einmal Studenten, die aus den Seminaren herausgehen, mit mir Lektüren verabreden, die wir dann im Kaffeehaus länger besprechen. Die Prüfungen machen wir dann darüber. Ich hatte gar nicht gewusst, dass ich damit das oxfordsche beziehungsweise cambridgesche Tutorkonzept eingeführt hatte. So etwas geht nur mit wenigen ausgewählten Geistern (unsere kleine private *virtual university within the university*). Lange Zeit viele Bücher lesen, darüber reden und auch schreiben, ist nach heutigen Maßstäben ineffizient (was hätte man an Serien kleiner Textbausteine lernen können). Aber diejenigen, die sich darauf einlassen, haben begonnen, zu studieren …

Man muss aber auch Gesprächspartner haben, die sich auskennen. Die zu finden ist selten, aber möglich. Suchen Sie sich Ihr »Personal« dazu zusammen. Interessante Geister finden sich. Auch im Bologna-Dunklen.

PROFESSOREN.
AUSWAHL UND KOMMUNIKATION.

Als ich meine erste Berufung in der Tasche hatte, stand ich in Hamburg, meiner alten Universität, in der Toilette neben Professor Tolkemitt. »Na«, sagte er, »jetzt sind Sie ja Professor. Jetzt brauchen Sie nie wieder etwas zu schreiben.« Tolkemitt hatte tatsächlich, außer Beiträgen zu Festschriften für befreundete Kollegen, fast kaum etwas nach seiner Habilitation geschrieben. Dafür war er ein ausgezeichneter Lehrer.

Viele Kollegen handelten nach dieser Devise: Ist erst einmal die Stelle gefestigt, brauche ich mich nicht mehr so ins Zeug zu legen. Dennoch: Tolkemitt war ein exzellenter Denker, der seine Notizen auf dem (damals noch) breiten Rand der *Welt* machte. Und sie dann irgendwann wegwarf. Am liebsten diskutierte er auf dem Flur, vor seinem Zimmer, stundenlang. Das waren die eigentlichen Seminare. Ebenso übrigens bei Harald Scherf, meinem Doktorvater. Hier (oder auch in der Kneipe) konnte man Universität noch als Universität erleben.

Professoren sind eine eigene Population. Neben ihnen sind nur Künstler noch so relativ frei in ihrer Arbeitsgestaltung. Und Professoren haben zudem den Vorteil, dass sie ständig mit jungen Menschen zusammen sind. Viele Kollegen wissen dieses Privileg, das so lebendig hält, gar nicht zu schätzen. Im Gegenteil: Manche von ihnen mögen Studenten überhaupt nicht. (Ich würde sagen: Beruf verfehlt. Als Beamte können sie sich die Haltung aber ein Leben lang leisten, ohne sanktioniert zu werden.) Die vielen Kollegen allerdings, die gerne mit Studenten zusammenarbeiten, sind auch nicht zufällig die besten Lehrer. Oder anders: Die Exzellenten sind so exzellent, dass sie es für selbstverständlich halten, ihre Studenten daran teilhaben zu lassen. Keine Allüren, kein Zynismus, keine Eitelkeit. Finden Sie die! Studieren Sie bei ihnen!

Lehre *und* Forschung – das macht den Job aus! Viele Professoren ziehen sich jedoch gern auf die Forschung zurück (was nicht heißt, dass sie gut darin sind) und lassen ihre Assistenten die Vorlesungen und zum Teil die Seminare gestalten. Das mag manchmal sogar die bessere Alternative sein, ändert aber nichts daran, dass sie ihrer Lehrverpflichtung als Teil ihres Jobs eigentlich nachkommen müssen! Aber weil viele Kollegen ihre Veranstaltungen nicht mehr selbst abhalten, sind auch die studentischen Evaluationen der Lehre zum Semesterende ein Witz. Abgesehen davon, dass die Fragen in der Regel so formuliert sind, dass harte Kritik gar nicht zum Tragen kommt, hat sie darüber hinaus keine Wirkung, weil die Kollegen für schlechte Leistung nicht sanktioniert werden (können). Versuchen Sie deshalb, Kandidaten, die im Ruf stehen, schlechte Lehre zu machen, wo es geht, zu umgehen. Wenn schon die Universität selbst nicht auf Qualität achtet beziehungsweise sie nicht durchsetzen kann, wer sonst soll darauf reagieren als die, die davon betroffen sind?

Professoren wollen natürlich gute Studenten. Sie vergessen dabei manchmal, dass sie verantwortlich sind, dass ihre Studenten gut werden. Die Schule liefert nicht immer die Kompetenzen, die man normalerweise voraussetzen möchte, was die Lehrkräfte an der Universität wiederum vor entsprechende Anforderungen stellt. Ich weiß nicht, ob Sie es wissen, aber kein Professor hat systematisch gelernt, wie er optimal oder gut lehrt. Ich will nicht in Abrede stellen, dass viele Kollegen ihren Job ganz anständig machen. Aber – sie haben es nicht gelernt, sondern sind ins kalte Wasser gesprungen und haben es irgendwie selber herausgefunden. Es sind also pädagogische Dilettanten, darunter ein paar Naturgenies. Ihnen bleibt nur, die Attitüden des Professors, bei dem sie am Lehrstuhl waren, zu übernehmen, andere Methoden, andere Möglichkeiten kennen sie nicht. Nur wenn sie im Ausland waren, haben sie mehr über Lehre erfahren und wissen, wie man es auch ganz anders machen kann.

Die besten Professoren sind die, die Sie ernst nehmen. Auch in den einfachsten Fragen. Die Sie fördern in Ihren intellektuellen Anstrengungen (also nicht unbedingt die immer Netten, die grundsätzlich gute Noten verteilen). Die Sie wirklich anregen, weiterzudenken. Und die Sie – konstruktiv, nicht zynisch – kritisieren. Die besten Seminare sind die, die Sie motivieren, zum Thema mehr zu lesen, und natürlich die, die Sie fortsetzen wollen.

Dass der Umgang der Professoren mit ihren Studenten den allgemeinen Regeln von Anstand und Höflichkeit folgen sollte, versteht sich dabei von selbst. Gerade im Hinblick auf Kritik und Auseinandersetzung in den Veranstaltungen. Universitäten sind Orte der Begegnung diverser Kulturen, Mentalitäten, Herkünfte, Ethnien etc. Da ist Toleranz auf allen Seiten oberstes Gebot (eine moderne Tugend, die wir erst seit dem 17. Jahrhundert üben). Da wir alle denken, und zwar verschieden, ist es selbstverständlich, andere anzuhören, sich auseinanderzusetzen, ohne zu diskreditieren. Die Universität als Ort des längeren und differenten Gedankenspiels braucht besondere Umgangsformen. Höflichkeit ist hier keine Maske, sondern eine notwendige Verkehrsform. Wer aus einer Universität kommt, sollte besonderer Umgangsformen fähig sein, die allerdings nichts mit akademischer Arroganz, mit Sozialprestige zu tun haben. Nichts gegen Leute, die ihre Intelligenz zeigen, die intellektuell brillieren, rhetorisch überraschen und Fragen stellen, über die andere nachdenken müssen. Aber das zeugt von Substanz und nicht nur von Status. Wie auch intellektueller Witz und geistreiche Ironie. Wenn einer blöder fragt, als ich antworten kann, warum sollte ich mich anpassen? Schulen Sie Ihren Esprit.

Auch hier könnten Professoren vorbildhaft wirken. Deshalb – ich wiederhole mich – arbeiten Sie nur mit den anregenden Geistern zusammen. Es schult ungemein. Und Sie merken, dass Sie sich eine eigene Haltung zutrauen dürfen. Das, was Sie bei manchen Kollegen als skurril ansehen, ist eine lang erarbeitete Haltung: *an intellectual attitude*. Genießen Sie sie. Solche Professoren sind Unternehmer im Geiste. Überlegen Sie, welche *attitude* zu Ihnen passen würde. Erst wenn Sie eine Haltung zu den Dingen entwickelt haben, überzeugen Sie andere. Das ist mehr als Klugheit und opportunistische Intelligenz. Es ist eine Form des Lebens im Geiste.

Im Schnitt lehren Professoren in Deutschland acht bis neun Semesterwochenstunden (SWS), das heißt acht bis neun Stunden wöchentlich über das ganze Semester. Das ist im internationalen Vergleich viel. Zum Vergleich: Kollegen in den USA oder

Kanada lehren zum Teil nur zwei SWS; der Rest der Arbeitszeit dient der Forschung. Neuerdings kommen Ideen bei uns auf, den Professoren noch mehr Lehre zuzumuten, es kursieren Angaben von zwölf, 14 oder sogar 18 SWS.[21] Das entspricht der Belastung in Fachhochschulen, wo bislang fast nur gelehrt und kaum geforscht wird. Der Plan ist, zwischen Lehr- und Forschungsprofessuren zu unterscheiden, wie das in den Exzellenzcentern der Hochschulen bereits der Fall ist.

Auch wenn es Kollegen gibt, die exzellent lehren, aber kaum forschen – was in den daraus sich ergebenden Konsequenzen individuell regelbar wäre –, sollte generell Lehre und Forschung gefordert werden. Nur wer trainiert ist, selber zu forschen, bleibt auf die Dauer in der Lehre anregend. Was sollen die, die nur lehren, denn lehren? Das abgelegte Zeug ihrer Kollegen? Nur aus zweiter Hand? Deswegen: Schauen Sie sich, bevor Sie zu jemandem ins Seminar gehen, auf seiner Homepage an, was er forscht, welche Themen und Gebiete ihn interessieren, ob er gut und breit platziert ist. Meiden Sie Leute, die nur in eng begrenzten Gebieten präsent sind. Nehmen Sie die weiter ausholenden Geister, die einen freien Kopf haben.[22]

Aber: Manche exzellenten Geister sind im Vortrag oft langweilig, und erst in der Diskussion zeigt sich ihre Weite. Gehen Sie deshalb in Seminare, in denen diskutiert werden kann, die Ihnen intellektuell Appetit machen. Es geht einzig darum, intellektuell reich zu werden. Professoren sind dazu da, Ihnen die Welt des Geistes zu erschließen. Wer keinen hat, kann nicht aufschließen. Vermeiden Sie die geistigen Wüsten. Begeben Sie sich in den Dschungel der Ideen, der wissenschaftlichen und vor allem der denkerischen Fülle. Nichts ist langweiliger als langweilige Wissenschaft.

SEMINARE.
INS GESPRÄCH KOMMEN.

Ich kann mir keine bessere Veranstaltungsform an Universitäten vorstellen. Man hat Texte gelesen und bespricht sie im Seminar miteinander. Der Professor moderiert. Meist kann er es nicht lassen, kleinere Vorträge zu halten. *Why not!* Wenn sie gut sind.

Schwieriger sind Vorträge von Studenten. Oft muss man langweiligen Quark anhören. Dummerweise lernt man, Vorträge zu halten, nur dadurch, dass man Vorträge hält. Gehen Sie mit Fragen hinein. Kritisieren Sie Standpunkte und Interpretationen. Machen Sie das Langweilige lebendig. Höflich, aber bestimmt. Es geht nicht darum, die Vortragenden herunterzumachen. Sondern für sie und für sich zu lernen, wie man es interessanter macht. Es geht darum, zu üben, andere zu überzeugen, statt zu verscheuchen.

Eine gehässige Bemerkung ist schnell gefallen, konstruktiv zu intervenieren dagegen, will gelernt sein. Ziel ist es ja, gemeinsam ein Niveau zu erreichen. Ein Seminar ist immer auch eine Übung in Teamarbeit. Nicht Konkurrenz, sondern höfliche Wechselseitigkeit ist gefragt. Natürlich muss man kritisch sein können. Aber wie äußert man Kritik so, dass man sich anschließend wieder in die Augen schauen kann. Hier im Seminar einen Stil zu entwickeln, ist eine gemeinsame Aufgabe, nicht nur die des Dozenten.

Zuhören ist eine Kunst. Antwortet oder interveniert man, ist es angemessen, sich mit dem Argument des anderen auseinanderzusetzen. Schließlich geht es darum, gemeinsam etwas zu erarbeiten und zu verstehen. Deshalb ist es wichtig, dass man präsent ist. Das Seminar lebt von der Beteiligung. Und vom Respekt. Es geht nicht nur um die Attitüde des Zuhörens, sondern um den Wunsch, das Argument des anderen verstehen zu wollen. Also ist es schlicht unhöflich, nicht zu kommen (zumal ohne sich abgemeldet zu haben). Man zeigt, dass man die Kommilitonen nicht wirklich achtet, da es einem anscheinend gleichgültig ist, was jeweils besprochen wird. Und es ist unhöflich dem Dozenten gegenüber, der sich die Mühe macht, mit Ihnen ein Thema, eine Theorie zu erörtern. Und Sie? Wie gehen Sie mit Ihren eigenen Interessen um? Was wollen Sie eigentlich an der Universität?

Das Seminar ist kein Supermarkt, sondern eine temporäre Gemeinschaft intellektueller Zuneigung. Wenn es schlecht sein sollte, verabschieden Sie sich, aber offiziell (sagen Sie dem Professor Ihre Meinung oder schreiben Sie ihm). Wenn es an den Kommilitonen liegt, versuchen Sie, die Situation zu ändern. Kritisieren Sie, aber verschwinden Sie nicht heimlich. Wenn Sie gute Gründe haben: auf den Tisch damit. Üben Sie, Differenzen auszuhalten und aktiv anzugehen. Auch das ist Universität (und Persönlichkeitsbildung).

Und es ist unhöflich, nicht rechtzeitig zu kommen. Ich kenne Kollegen, die warten, bis alle Teilnehmer da sind. Das kann dauern. Andere Kollegen (in den USA) schließen die Tür von innen ab, wenn die Veranstaltung begonnen hat. Wir reden hier nicht von Anfängervorlesungen, sondern von Seminaren. Natürlich gibt es ab und an Gründe, nicht zu erscheinen. Aber im Grunde ist das Seminar ein gemeinsames geistiges Ereignis, in dem man sich gegenseitig kennenlernt (wenn man mitmacht) und in dem die Professoren Sie kennenlernen (und, hoffentlich, schätzen). Es ist die intensivste und intimste Form der intellektuellen Arbeit, das Kerngeschäft der Universität, die wahre Schule des Geistes (entschuldigen Sie mein altes Vokabular, aber ich finde kein neues, das besser wäre). Wir wollen ja schließlich nicht bloß etwas wissen oder lediglich informiert werden, sondern komplexe Zusammenhänge verstehen, um sie kritisch befragen zu können (um noch komplexere Zusammenhänge zu eröffnen).

Glauben Sie bitte nicht, dass die Wissenschaften – um die es in den Seminaren schließlich geht – etwas Abgeschlossenes seien. Sie befinden sich ständig im Prozess ihrer weiteren Entwicklung. An diesem Prozess sollen Sie an Universitäten teilhaben. Vieles, was in den Lehrbüchern steht, ist bereits jetzt schon Theoriegeschichte. Deshalb lohnt es sich, bei den Professoren und Assistenten im Internet nachzuschauen, auf welchem Level sie arbeiten, ob sie Avantgarde sind oder nur Nachbeter. Es gibt übrigens auch hervorragende Nachbeter, bei denen Sie erste Zusammenhänge exzellent dargeboten bekommen. Schauen Sie, was Sie brauchen. Erweitern Sie Ihren Horizont.

Gehen Sie zu den Kollegen, die sich kritisch mit ihrer Wissenschaft auseinandersetzen, holen Sie sich intellektuelle Anforderung. Vermeiden Sie Dogmatiker, bei denen Sie nur fruchtlose Auseinandersetzungen erleben. Es lohnt sich nicht, mit ihnen zu streiten. Sie glauben sich sowieso prinzipiell im Recht. Sagen Sie ihnen, dass Sie nichts anderes bei ihnen lernen, als einseitig und dogmatisch zu werden. Und dass Sie deswegen nicht auf eine Universität gegangen seien.

Seminare sind – oder sollen es zumindest sein – Tiefenbohrversuche des Geistes. Man lernt Denken, Nachdenken und Weiterdenken. Ich weiß von Kollegen, in deren Seminaren man kaum über die ersten Seiten des gemeinsam gewählten Buches bis zum Ende des Semesters hinausgekommen ist. Das klingt verrückt, ist aber zum Teil notwendig – Satz für Satz Kant, Hegel, Heidegger durchzugehen, um in den Modus des Denkens überhaupt hineinzukommen. Ebenso in der Mathematik, Ökonomie, Physik etc. Es sind vornehmlich die theoretischen Fächer, in denen man so arbeitet, um Methoden zu finden, das Denken in Gang zu setzen. Auf diese Initialzündung kommt es an. Danach ist selbständiges Arbeiten möglich.

Ekkehard Kappler, ein Betriebswirt, hatte seine ganz spezielle Methode für die Erstsemester. Die jungen Studenten saßen erwartungsvoll das erste Mal im Seminar (Witten/Herdecke kennt nichts anderes als Seminare), der Professor kam herein, setzte sich und fragte:

»Was wollen Sie hier?«

Aufregung. »Natürlich BWL studieren!«

»Gut«, sagte er, »und was ist BWL?«

Betretenes Schweigen. Minutenlang. Dann etwa: »Das wollen wir doch von Ihnen wissen!«

Kappler darauf: »Ach, und ich dachte, Sie wollten BWL studieren? Sie haben sich für etwas entschieden, von dem Sie nichts wissen?«

Verwirrung, Schweigen, Unruhe.

Nach langer Zeit sagte er schließlich: »Wenn Sie nicht wissen, was Sie wollen, rate ich Ihnen, sich sachkundig zu machen. In zwei Wochen treffen wir uns wieder, und Sie sagen mir und sich, was BWL ist.«

Und ging.

Was glauben Sie, was die Studenten in den zwei Wochen lasen, erörterten, diskutierten, schrieben. Nach zwei Wochen lief das Seminar wie geschmiert: Jeder hatte seine Idee, sein Konzept, seine Fragen. Alle zusammen hatten ihre Widersprüche, Paradoxien, Fragen, Antworten. Die Universität hatte begonnen. Ohne große Erklärungen. Aus eigener Fragestellung.

Professoren wissen viel und wollen es auch zeigen. Deshalb reden Professoren viel. Das ist nicht die beste Methode für Wissensvermittlung. Natürlich gibt es hervorragende Vorlesungen, in denen eine ganze geistige Landschaft entfaltet wird, in klarer Architektur, mit tausend Anregungen. Doch können das nicht viele. Die meisten Vorlesungen sind langweilig. Lassen Sie sich nicht anöden. Das verdirbt die intellektuelle Neugierde. Lesen Sie lieber ein gutes Buch zum Thema, oder zwei, oder drei. So ist Ihre kostbare Zeit besser investiert. Oder suchen Sie sich einen anderen Dozenten.

Schreiben Sie in den Veranstaltungen nicht mit. Es ist eine Unsitte, alles mitzuschreiben oder in den Laptop, ins Tablet zu hacken. Denken Sie stattdessen mit! Diskutieren Sie! Und schreiben Sie danach auf, was Ihnen wichtig war. Ich habe das unabweisliche Gefühl, dass das Mitschreiben eine Art von Verstecken ist. Man möchte zeigen, dass man aktiv mitmacht, ohne aktiv mitmachen zu müssen. Man signalisiert: Ich arbeite. Frage mich bitte nichts! Aber ich will Sie fragen. Ich will wissen, was Sie dazu zu sagen haben, Ihre Meinung, Ihre Einschätzung, Ihr Urteil. Es macht nichts, wenn Sie antworten: Ich weiß das noch nicht. Lassen Sie mich noch überlegen. Genau!

Machen Sie also lieber danach ein Protokoll: Das, was Sie erinnern, ist sowieso das, was Sie interessiert hat. Natürlich können Sie jederzeit ein paar Protokollsätze aufschreiben. Aber nicht alles mitschreiben und dafür nicht mitdenken. Viel wichtiger: Fragen Sie. Was Sie nur können, wenn Sie mitgedacht haben. Fragen Sie, immer wieder. Jede Frage ist erlaubt. Gerade die sogenannten einfachen Fragen. Sie fragen oft das Grundsätzliche (was sich alle anderen nicht zu fragen trauten, aber gerne gefragt hätten). Gute Dozenten stellen Fragen an Sie. Damit Sie das in Ihren Worten wiederholen, was Sie verstanden haben. Erst dann haben Sie es ja verstanden. Etc.

Auf zwei Dinge kommt es im Seminar an: erstens auf gute Dozenten und zweitens auf gute Texte. Mit Glück sind die Texte so gut, dass auch ein schlechter Dozent sie nicht verderben kann. Dann: Hut ab vor der Auswahl des Dozenten! Auch wenn er sonst wenig bietet. Andererseits haben Sie immer eine Möglichkeit, Qualität in schlechte Seminare zu bringen. Bereiten Sie sich mit Ihrer Arbeitsgruppe gut vor und gestalten Sie gegebenenfalls das Seminar selber. Nutzen Sie diese Chance. Das übt ungemein und bringt Renommee. Nur eitle Dozenten haben damit ein Problem, die meisten anderen sehen, dass ihnen Arbeit abgenommen wird. Üben Sie, wo Sie können, selbständig zu sein.

Die besten Seminare sind die, in denen Sie angeregt werden, zu lesen. Denn es zeigt, dass Sie noch neugieriger geworden sind: lesegierig. Ich habe es immer als gut empfunden, neben den Pflichtlektüren noch zusätzliche Lektüre genannt zu bekommen. Gegebenenfalls fragen Sie danach. Man wird Sie immer fürstlich bedienen (weil man das kaum erwartet hatte). Wenn man ins Seminar geht, sollte man mitarbeiten wollen. Wozu geht man sonst hinein?

Aktive Mitarbeit für jeden setzt aber eine Begrenzung der Teilnehmerzahl voraus. Versuchen Sie einmal, in einem Seminar mit 40 Teilnehmern fünf Fragen zu stellen. Sie kommen einfach nicht dran. Ab einer Teilnehmerzahl von 25 verwandelt sich ein Seminar fast automatisch in eine Vorlesung, in der nur kleine Anfragen möglich sind. Deshalb sind klein gehaltene Seminare (fünf bis 20 Teilnehmer) immer ein Qualitätsindikator. Suchen Sie sich, wenn es geht, solche Seminare aus, und fragen Sie alles, was Sie fragen wollen.

Blockseminare (man sitzt zwei Wochenenden zusammen statt je zwei bis vier Stunden in der Woche) haben ihre eigene Dynamik (wenn sie gut laufen). Aber es muss auch alles *en bloc* vorbereitet werden, sodass Sie es eigentlich mit zwei Blöcken zu tun haben, mit dem Vorbereitungsblock und mit dem eigentlichen Seminar. Manchmal hatte ich solche Blöcke außerhalb der Universität veranstaltet, in einem Kloster zum Beispiel oder einem Konferenzhotel. Das aber kostet, Fahrtzeit und Geld, geht also nicht immer, hebt aber die Besonderheit der Veranstaltung, macht sie exklusiv, allein schon deshalb, weil man sich aus dem Dunstkreis der Universität verabschiedet. Diesen atmosphärischen Effekt darf man nicht unterschätzen: Er hebt die Produktivität und Gemeinsamkeit.

Seminare können, wenn sie gut sind, Gemeinschaften bilden (die weit über das Studium hinausreichen!). Das sind die Glanzstunden der Universitäten. Man muss eine Haltung haben, das erwarten zu dürfen; dann gelingt es auch.

ANFORDERUNGEN

Studieren ist weder leicht noch anforderungsfrei. Insbesondere dann, wenn Sie neugierig sind und sich in vieles einlesen und einarbeiten wollen. Was so leicht erscheint, wenn man darüber schreibt, ist in Wahrheit immer wieder eine große Herausforderung: sich nicht abhalten zu lassen, das zu verfolgen, was einen interessiert. Denn das, was als wertvoll und sinnhaft erscheint, will bearbeitet sein. Es ist hier nicht unbedingt von strenger Arbeitsdisziplin die Rede, aber doch von Konsequenz und Durchhaltewillen.

Ich habe mir angewöhnt, parallel an vielen Themen zu arbeiten. Wenn das eine mich langweilt oder ich nicht weiterkomme, wechsle ich zu einem anderen. So bleibe ich im Flow, im schwebenden Gefühl der Reflexion und Produktion.[23] Ich meine hier nicht Multitasking, ständiges Hin- und Herflippen. Gemeint ist, Linien aufzubauen, auf die man wechseln kann, weil dort weiterzudenken wieder neue Energien mobilisiert, andere Gedanken, andere intellektuelle Temperaturen, andere Memorierungen, andere Leseanregungen entstehen lässt.

Und Sie müssen in der Lage sein, sich Ihren Arbeitsraum zu schaffen, das heißt vor allem Zeitphasen tiefer Arbeit, die störungsfrei laufen, also nicht unterbrochen werden durch Telefon, Termine, andere Menschen. Zu welchen Tages- oder auch Nachtzeiten das bei Ihnen am besten möglich ist, müssen Sie austesten. Lernen Sie in solchen Phasen unter anderem, konzise zu schreiben, in Form zu bringen. Jede Wissenschaft hat ihr eigenes Format, in dem zum Beispiel Aufsätze/Artikel geschrieben sein sollen. Daran halten Sie sich streng (auch wenn es erst einmal schematisch ist.[24]

PRÜFUNGEN.
WHAT'S THE PROBLEM?

An Ende des ersten Semesters kommen die ersten Prüfungen. Keine Angst vor den Klausuren! Meist reicht es, wenn man zwei Wochen davor zu lernen anfängt. So machen es die meisten. Diese zwei Wochen aber sind Sie voll konzentriert. Sollte es trotz guter Vorbereitung dennoch nicht klappen: *once again*. Es gibt immer Wiederholungsmöglichkeiten. Spickzettel etc. beruhigen – allein schon dadurch, dass man sie bei sich hat. Normalerweise brauchen Sie sie aber nicht wirklich; das, was Sie darauf notiert haben, wissen Sie ja. Und wenn Sie nicht wenigstens einigermaßen Bescheid wissen, nützt Ihnen der Spickzettel auch nichts. Schreiben Sie ihn als Beweis, gleichsam als Lernprotokoll. Und vergessen Sie ihn dann.

Prüfungen in den ersten Semestern sind anstrengend und im Grunde albern, weil rein Wissen abfragend. Selten werden Sie eine gute Prüfung erleben, in der Sie das, was Sie verstanden haben, darlegen dürfen. Das ginge auch nur in mündlichen Prüfungen, die in Massenuniversitäten kaum angeboten werden, weil niemand Lust hat, so viele Gespräche zu führen. Erst fürs Hauptstudium (heute Master, MA) besteht diese Möglichkeit.

Die sinnloseste Form von Prüfung, die aber immer weiter um sich greift, sind die Multiple-Choice-Tests. Anstatt dass Sie selber schreiben dürfen in Klausuren, bekommen Sie vorgefertigte Antwortmöglichkeiten, aus denen Sie die richtige aussuchen sollen. Dieses Verfahren dient einzig und allein der schnelleren Bearbeitung durch den Prüfer (beziehungsweise seiner Hilfskräfte, die nach Schema F abhaken). Sie selber sitzen manchmal wie blöde vor den Fragen und Antworten und müssen raten. Sie haben keine Chance, eine qualifizierte Antwort selber zu ersinnen. Für theoretische Fächer sind diese Fragebögen meines Erachtens völlig ungeeignet, nicht nur weil sie intellektuell unterfordern, sondern weil die Studierenden lediglich darüber nachdenken müssen, welche der möglichen Antworten der Prüfer als richtig bewertet. Ihre eventuell bessere Antwort, die aber vom Schema des Prüfers abweicht, spielt überhaupt keine Rolle. Ich habe Klausuren dieser Art gesehen, die derart engstirnig-penetrant waren, dass ich als Teilnehmer das Seminar gewechselt hätte, notfalls die Universität. Es geht nicht mehr darum, Argumente zu entwickeln, sondern Wissen nur noch punktgenau abzuhaken. Eine universitäre Günther-Jauch-Show. Was hat das mit Wissenschaft zu tun?

Da Multiple-Choice-Klausuren wie Lotterien angelegt sind, raten Sie. Bei einigermaßen gutem Vorwissen haben Sie gute Chancen, eine Zwei oder Drei zu bekommen. Mehr ist durchschnittlich nicht drin (weil die Kollegen es lieben, ein paar vertrackte Spezialfragen zu verstecken, die man nur lösen kann, wenn man alles wörtlich auswendig gelernt hat oder ständig bei ihren manchmal doch sehr langweiligen Vorlesungen war und alles mitgeschrieben und gelernt hat). Die Risikofreudigeren unter Ihnen bereiten sich gar nicht vor (oder lesen einmal schnell ein Lehrbuch) und schauen, ob Sie die »Lotterie« gewinnen. Falls es danebengeht: noch einmal prüfen lassen und etwas besser vorbereiten. Lassen Sie sich Ihre theoretische Neugierde nicht durch diese Kinderpädagogik verderben.

Prüfungen sind natürlich extrem subjektiv. Wenn jemand Sie nicht mag, wird er Sie auch triezen. Deswegen: Suchen Sie sich kluge und angenehme Partner. Meistens aber werden Klausuren gefordert. Referate und Hausarbeiten kommen erst später (warum eigentlich?). Klausuren sind die einfache Form der Prüfung – für den Dozenten. Er kann die Antworten nach einem Schema bewerten. Oft machen das Klausurassistenten für ihn, die zum Teil 60 bis 150 Arbeiten korrigieren müssen. Auch mehr.

Weil es aber so ist, wie es ist, schreiben Sie eben das, von dem Sie glauben, dass der Dozent es hören beziehungsweise lesen will. Reagieren Sie, wie das System es will: schematisch, auch wenn Sie es extrem langweilig finden. Nach den Klausuren werden Sie feststellen, dass Sie die Hälfte des Gelernten ohnehin gleich wieder vergessen. Sie haben ja schließlich nur für die Prüfung gelernt. Natürlich wäre es besser, wenn Sie das alles als festes Wissen verbuchen könnten. Dazu aber müsste man ganz anders lernen.

Mündliche Prüfungen sind ambivalent. Wenn Sie ein gutes Verhältnis zu Ihrem Dozenten/Professor haben, wird es ein Gespräch unter Erwachsenen über interessante Fragen und Themen. Wenn Sie aber einen haben, der immer »herausprüfen« will, sollten Sie nur gut vorbereitet hineingehen. Also wieder: von ihm geprüfte Kommilitonen interviewen, wie es abläuft. Und notfalls schleimen, also das sagen, was der Prüfer beantwortet wissen will. Allerdings, auch das will gelernt sein. Eine leicht devote Grundhaltung ist bei diesem Kollegen die beste Taktik. Sie verwechseln Intelligenz oft mit Renitenz.

Ich halte die Hausarbeit für die beste Form der Leistungsüberprüfung. Sie können und sollen selbständig formulieren und denken. Es geht nicht um Wissensabfrage, sondern um eigenständige Rekonstruktion des Erlernten – bis hin zur Entwicklung eigener Ideen. In dieser Form können Sie viel besser zeigen, was Sie verstanden haben, und können es in Ruhe ausarbeiten, Ihre Bücher und Artikel und das Internet in Reichweite.

Wenn Ihre Universität Workshops in *creative writing* (oder ähnlich) anbietet, nutzen Sie das, auch Kurse in wissenschaftlichem Arbeiten. Lernen Sie richtig zitieren in Ihren Studienarbeiten. Jede Fakultät, jedes Fach hat hier eigene Regeln (vergleichen Sie die Wirtschaftswissenschaften mit den Historikern oder Philosophen oder Biologen oder Juristen). Das müssen Sie einfach können und korrekt anwenden. Zitieren Sie grundsätzlich nur das, was Sie auch im Text verwendet haben (keine Geisterliteratur). Und ganz wichtig: Niemals aus Wikipedia zitieren. Das gilt als unseriös. (Ich weiß zwar nicht, warum, da Wikipedia zum Teil wirklich exzellente Texte bietet, jedenfalls die englische Ausgabe, aber machen Sie sich nicht unnötig unbeliebt.)

Bei Prüfungen geht es nur vordergründig um die Note. Es geht für Sie vor allem darum, dabei zu lernen, sich und Ihr Können einzuschätzen. Deshalb wäre zusätzlich zur Note ein Kommentar für Sie hilfreich (am besten mündlich), der Ihnen erklärt, weshalb Sie diese Note und keine andere bekommen haben. Als Student sind Sie kein Untergebener. Sie haben im Gegenteil – vielleicht das erste Mal in Ihrem Leben – keinen, der Ihnen direkte Anordnungen geben kann. Auch die Professoren nicht – trotz Prüfungsmacht nicht. Sie müssen die Prüfung nicht für den Prüfer leisten, sondern für sich. Der Prüfer prüft Sie, aber es ist Ihre Prüfung, die Ihnen letztlich zeigt, wie Sie eingeschätzt werden. Betrachten Sie also die Prüfung als Möglichkeit, um festzustellen, wo Sie stehen, wie gut Sie sind und wie es ist, von anderen eingeschätzt zu werden. Um sich dann selber besser einschätzen zu können.

Unterschätzen Sie die Einschätzung, die Sie durch Noten bekommen, nicht: Wer sagt Ihnen sonst, was Sie können (oder nicht, wo Sie schwach sind). Noten sind – zugegeben – eine schwache Form der Kommunikation, aber manchmal die einzige, die Sie über Ihr Können bekommen. Und wenn Sie die Möglichkeit haben, zusätzlich eine persönliche und ausführlichere Einschätzung schriftlich zu bekommen (fragen Sie einfach), kann das extrem nützlich sein.

Ich halte folgende Idee eines Kollegen für ausgezeichnet: Jeder Student gibt sich selbst eine Note – vor versammeltem Seminar. Diese Note – gleichgültig ob sehr gut oder schlechter – muss vor den anderen begründet werden, was sich einfacher anhört, als es ist. Und die anderen bestätigen sie entweder oder relativieren sie. Aus meiner Sicht wäre das eine ungemein gute Übung in Selbsteinschätzung und im Aushalten von Fehleinschätzung. Ich glaube, dass eine solche Methode eine neue Kultur der (Selbst-)Einschätzung generieren würde. Und man würde sich untereinander anders beobachten als bisher und bereits im Seminar aufmerksamer miteinander umgehen.

Aber wer traut sich das?

Die Bologna-Reform hat die Menge der Prüfungen erhöht, indem jedes Seminar einzeln abgeprüft wird (ich hatte erst zur

Zwischenprüfung, nach vier Semestern, Klausuren zu schreiben). Bologna ist nach Modulen organisiert. Jedes Modul umfasst mindestens zwei Seminare, Vorlesungen etc., die jetzt Teilmodule heißen und häufig von den jeweiligen Dozenten einzeln geprüft werden. Die Idee der Module aber bestand darin, das Modul als Ganzes zu prüfen, was sich praktisch aber nicht verwirklichen ließ. Deshalb einigte man sich auf den schlechten Kompromiss, dass jeder Dozent eine – vermeintlich – kleinere Teilprüfung für seine Veranstaltung durchführt. Das wiederum bedeutet, dass die Studierenden aus dem Prüfungsstress nicht herauskommen. Niemand weiß, warum das so sein muss (und vor allem ist es unerklärlich, warum die Kollegen diese Erhöhung des Prüfungsaufwandes mitgemacht haben).

Diese Prüfungskette an jedem Semesterende bringt Stress und Unruhe in die Universitäten. Sie nötigt die Studierenden, tatsächlich nur für die Prüfungen zu lernen. Sich länger und intensiver auf ein selbst gewähltes Wissensgebiet einzulassen, ist praktisch unmöglich. Wissenschaft wird in Modulhäppchen serviert, die nach dem Abprüfen auch abgehakt sind. Es ist wie in der Schule. Aber warum in einer Universität?

Lassen Sie sich nicht irritieren. Suchen Sie sich Dozenten, die gute Module machen (wenn Sie es noch dürfen – es gibt inzwischen viele Pflichtveranstaltungen, deren Dozenten Sie nicht aussuchen können), und vor allem solche, die nur eine Endprüfung machen. Dann können Sie sich immerhin zwei Semester lang mit einem Gegenstand beschäftigten, ohne zwischendurch eine Prüfung dazu ablegen zu müssen. Wenn Sie aber das Modul innerhalb eines Semesters (zwei Veranstaltungen parallel) absolvieren müssen, kann wieder die Arbeitsgruppe eine gute Hilfe sein. Im Wechsel liefern Sie sich gegenseitig den Stoff aus jeweils einer Veranstaltung, der in Ruhe in der Gruppe abends besprochen und aufgearbeitet werden kann. Niemand will denselben Dozenten zweimal in der Woche sehen oder gar aushalten (besonders wenn er grottenschlecht ist).

Die enge Prüfungstaktung halte ich für eine Belästigung des freien Geisteslebens. Wie gesagt: Prüfungen sind notwendig, aber erst dann sinnvoll, wenn man einen größeren Zusammenhang eines Gebietes überblickt und aus diesem Zusammenhang heraus antworten kann. Suchen Sie sich Dozenten, bei denen Sie Essays schreiben oder gute mündliche Prüfungen machen können (in denen man wie Erwachsene einander gegenübersitzt und frei redet). Suchen Sie sich Dozenten, die den Häppchenzirkus nicht mitmachen, die Bücher lesen lassen und größere Zusammenhänge entfalten. Das sind momentan eher die älteren Kollegen. Bleiben Sie gelassen, notfalls wiederholen Sie. Und lernen Sie das, was Sie nicht interessiert oder fachlich unterfordert, eben auswendig. Damit Sie darauf keine Energie verschwenden und sich auf die Dinge konzentrieren, die Sie wirklich interessieren.

Es tut mir leid, dass Sie heute unter diesen Bedingungen studieren müssen. Versuchen Sie, die Vorgaben so weit es geht zu unterlaufen. Werden Sie ein Partisan der universitären Freiheit.

STUDIUM FUNDAMENTALE

Manche Universitäten bieten ein Studium generale beziehungsweise ein Studium fundamentale an. Das ist eine gute Idee, um
Ihren Horizont zu erweitern. Die Qualität der Angebote ist
allerdings sehr unterschiedlich. Ich plädiere aber dafür, dass Sie
Ihr Studium – unabhängig von solchen institutionalisierten
Möglichkeiten – eigenständig wie ein Studium fundamentale
organisieren. Sie studieren einfach Universität, das heißt, Sie
nehmen mit, was Sie interessiert. Stellen Sie sich Ihr Studium
selbst zusammen. Was hindert Sie?

Der Sinn solch einer breiten Orientierung ist Horizont-
erweiterung. Nicht nur im Hinblick auf »Wissen«, sondern auch
auf »Interesse«. Denn das, wozu Sie sich entschieden haben,
muss nicht das richtige Studium sein. Manche Studenten wechseln nach dem Bachelor in ein anderes Fach, von dem sie inzwischen mitbekommen haben, dass sie das mehr interessiert.
Das ist nicht einfach und geht nur in den nicht konsekutiven
Master-Programmen. Für die anderen müssen Sie fachliche
Voraussetzungen nachweisen, die Sie bei einem Wechsel nicht
haben können. Gegebenenfalls machen Sie eben ein zweites
Bachelor-Studium oder – die Partisanenstrategie – einfach den

Master, den Sie wollen, ohne Prüfungen und Einschreibungen. Was auch nicht immer geht, weil manche Seminare Zulassungen erfordern (aber letztlich nur, wenn Sie Prüfungen brauchen. Verzichten Sie auf Prüfungen – um nur das zu studieren, was Sie interessiert, lässt sich einiges arrangieren). Reden Sie mit den Professoren. Vieles lässt sich vernünftig klären, und sei es etwas an den Vorschriften vorbei.

Jedes Fach hat seine Methoden, auf die Sie eingeschworen werden. Meist ist kaum Zeit oder Gelegenheit, zu erfahren, wie diese Methoden zustande kamen (Theoriegeschichte) und warum sie gewählt wurden (kritische Einordnung). Mittlerweile ist es so weit gekommen, dass auch viele Wissenschaftler/Dozenten sich kaum kritisch mit ihren Methoden auseinandersetzen. Dass das Verstehen von Methoden – die Gründe, die für und gegen sie sprechen – das eigentliche Lernen ist, kommt ihnen nicht in den Sinn. Sie verhalten sich wie »Gesetzgeber«: So ist es definiert, also lernen alle es so. Basta. Und selbst wenn Sie die Gelegenheit erhalten, auch andere Methoden kennenzulernen, kommen Sie kaum dazu, sie zu vergleichen. Selbst in Seminaren zu Wissenschaftstheorie wird dieser Vergleich kaum geübt, sondern nur das Kaleidoskop der Methoden ausgebreitet. Man spricht stolz von Methodenpluralismus und davon, dass Sie nicht dogmatisch auf eine exklusive Methode verpflichtet werden. Innerhalb der Fachgrenzen hört dieses tolerante Angebot jedoch meist sogleich wieder auf, und Sie müssen sich auf das einlassen, was im Fach vorherrscht, ohne es kritisch würdigen zu können.

Deshalb halte ich viel davon, Philosophie zu studieren. Nicht unbedingt im Sinne eines Studiums – hier wie in allen anderen Fächern sind die Qualitätsunterschiede erheblich –, sondern über

Lektüre: Lesen Sie Philosophen. Sie erfahren, was es heißt, frei zu denken, wenn auch dieses Denken sehr komplex ist. Ich weiß, dass ich einen fast unmöglichen Vorschlag mache: Wo anfangen? Was auswählen? Und dann auch noch alles so nebenbei?

Am besten ist es natürlich, Sie finden einen Kollegen, der Sie in einige Philosophen einführt (ich rede bewusst vom Denken einzelner Philosophen). Sie sollen nicht »Philosophie« machen, sondern die Erfahrung, sich denkend auf das Denken einzulassen, vielleicht weitab von einer Methode, im fragenden Durchdenken von Dingen, die uns im Alltagsdenken selbstverständlich erscheinen. Es geht darum, für Ihr eigenes Denken Modelle zu entwickeln, die nicht sofort methodisch diszipliniert sind wie in den Wissenschaften üblich. Wie sonst sollen Sie »undiszipliniert« denken lernen, jenseits der Grenzen von Methoden? Ihren Geist frei sich entfalten lassen, jenseits von fachlichen Begrenzungen?

Vielleicht ahnen Sie das Ziel: Es geht um eine Autonomie und Radikalität des Denkens: Kant, Hegel, Nietzsche, Whitehead, Rorty, Wittgenstein, Derrida. Oder zum Beispiel Markus Gabriels »Erkenntnistheorie«, die ich sehr aufschlussreich finde. Alle denken. Alle denken anders, aber alle denken radikal. Missverstehen Sie mich nicht: Ich möchte Ihnen keine bestimmten Philosophien aufschwatzen, sondern Ihnen Lust machen, einen Modus Vivendi des Denkens kennenzulernen, der Ihnen hilft, Ihren eigenen Weg eher zu finden, jedenfalls besser dazu verhilft, als wenn Sie nur Methoden nachzeichnen. Es ist eine intellektuelle Form der Subversion, um der dichten Disziplinierung der Methoden in den Wissenschaften einmal zu entkommen. Vielleicht kommen Sie offener zurück: Das wäre der Gewinn.

Hierin Begleitung zu haben, ist äußerst sinnvoll. Vielleicht Lesekreise (eine ältere Form studentischer Selbstorganisation). Oder Sie finden Professoren, die entsprechende Seminare anbieten oder auch privat mit Ihnen (und ein paar anderen) arbeiten. Es ist anstrengend, aber allemal ein Gewinn. So gelangen Sie nämlich an den Kern der alten Idee von Universität: frei denken zu lernen.

GEBÄUDE.
ABSCHRECKUNG ODER EINLADUNG.

Universitäten sind meistens schreckliche Gebäude. Selten haben Architekten einen genuin universitären Raum geschaffen; sie bevorzugen Hallen und Rigipswandflure. Ist eine Universität nicht wert, einen eigenen Gebäudetypus zu bekommen, der von einer Idee getragen wird und nicht nur von Beton?

Die vorhandenen moderneren Gebäude sind so beschaffen, dass man möglichst schnell durch sie eilt. (Deswegen finde ich es verständlich, wenn kreative Hände sie mit Spraydosen bearbeiten. Dadurch werden sie nicht schöner, aber die Fabrikhallenatmosphäre wird übermalt.) Oder es sind alte Universitäten, deren Weisheitstempelatmosphäre einen bedrückt: hohe Säulenhallen für hohe Herren, die es längst nicht mehr gibt.

Eine Universität muss natürlich ein schönes Gebäude sein, licht und offen, mit vielen Plätzen zum Reden, vielen Nischen, in denen man sich zusammensetzen kann. Die Architektur einer Universität sollte einen aufrecht machen, einladen, erhobenen Hauptes, selbstbewusst sich hier zu entfalten. Für die Studierenden brauchen wir das Beste, was die Architektur hervorbringen kann. Universitäten sind Orte des Geistes. Respekt also für Sascha Spoun, den Präsidenten der Leuphana Universität Lüneburg, der ein von Daniel Liebeskind entworfenes Gebäude mitten auf dem Campus bauen lässt!

Warum kommen unsere Studierenden begeistert von ihrem Auslandsstudium zurück? »Weil sie sich gut betreut finden und einen gepflegten Campus erleben mit gut bestückten Bibliotheken, die vierundzwanzig Stunden geöffnet sind, mit moderner technischer Ausstattung und mit zugänglichen Sport- und Freizeiteinrichtungen.«[25] Nun gut, das sind Campus-Universitäten. Die Studierenden halten sich vorwiegend auf dem Gelände auf. Ob es zentral um gute Betreuung geht, bezweifle ich. Mir scheint eher ein hohes Maß an Selbständigkeit sinnvoll. Universitäten sind nicht zum »Bemuttern« da. Und ihre »technische Ausstattung« führen die Studierenden heutzutage ohnehin bei sich – ihren eigenen Laptop. Aber generell ist es richtig: Während bei uns die Gebäude vergammeln (Privathochschulen und rühmliche Ausnahmen ausgenommen!), hat man im Ausland den Eindruck, dass die Universität architektonisch und dienstleistend zeigt, dass sie ihre Studenten hoch schätzt.

Andererseits: Die Hülle allein macht es nicht. Ich habe auch in hässlichen Gebäuden exzellent studiert – dort, wo der intellektuelle Esprit entfaltet war. Vielleicht bin ich darin zu idealistisch: Eine gewisse Vernachlässigung zeigt vielleicht, dass man andere Prioritäten setzt. Die allerdings müssen unbedingt sicht- und spürbar sein, sodass gewissermaßen eine produktive Spannung zwischen Tristesse und intellektuellem Potenzial entsteht. Wenn die Räume kaputt sind und der Geist auch noch flach – wechseln Sie, fliehen Sie. Niemand zwingt Sie, das auszuhalten.

Dabei ist es gar nicht so schwer, wenigstens gute bauliche Voraussetzungen zu schaffen. Die Materialien müssen nicht edel sein, aber intelligent gewählt. Vor allem braucht man Licht, Licht, Licht. Im Grunde sollte sich die Universität als großes Café erweisen, in das man geht, um sich mit anderen zum Reden zu treffen. Viele kleine Seminarräume, dazwischen freie Sitzgruppen und viele verschiedene Cafés und Restaurants. Warum viele kleine Räume? Weil zum Diskutieren und Erörtern große Gruppen nicht funktionieren. Wir hatten das bereits oben besprochen: Optimal sind sieben, maximal 15, tolerabel vielleicht noch 25 Teilnehmer. Ab 20 Teilnehmern beginnt sich die Gruppendynamik in mehrere Subgruppen zu differenzieren, die ihre eigenen Aufmerksamkeitsfokusse entwickeln. Sieben ist deshalb die optimale Gruppengröße, weil man die Chance hat, mehrfach zu reden, zu fragen, nachzufragen, zu erörtern. In großen Gruppen haben Sie kaum eine Chance, mitzureden.

Suchen Sie sich Seminare, die klein sind. Nehmen Sie sich die Zeit, gleich von Beginn an in Seminare zu gehen, die Sie interessieren. Wenn es Hauptstudiensseminare sind, besprechen Sie sich mit dem Professor. Manche haben nichts dagegen. Erschrecken Sie nicht, wenn Sie nicht alles verstehen. Genießen Sie die Komplexität. Arbeiten Sie sich ein. Nichts ist schöner, als eine echte Anforderung zu haben – wenn das Thema Sie neugierig hält. Bewegen Sie sich frei in der Universität. Stunden- und Seminarplanungen sind bürokratische Erfindungen, die Sie irgendwie einhalten müssen. Aber sie haben letztlich nichts mit einer Universität zu tun: Nehmen Sie sich die Freiheit, die Universität als Ganze zu benutzen. Sie ist eine Arena des Geistes, keine Lagerhalle beschränkter Fächer. Wer mutet Ihnen zu, nur das Fach zu studieren, auf das Sie zufällig abonniert sind? Wer hat Ihnen diese engstirnigen Regularien eingeredet? Studieren Sie, was Sie interessiert.

Auch die Rasenflächen oder sogar kleinen Parks, die viele Universitätsgebäude umgeben – meist extrem ungepflegt –, sind ebenfalls Kommunikationsorte: Man kann sich dort im Sommer treffen, picknicken, küssen oder einfach schlafen. Schauen Sie, wen Sie kennen. Wichtig vor allem aber ist die Umgebung der Universität. Am schönsten ist es, wenn das umgebende Stadtviertel voller kleiner Restaurants, Kneipen, Kinos, Buchhandlungen, Cafés etc. ist. Man kann hier abhängen, sich vergnügen, sich treffen, diskutieren, auch im Restaurant arbeiten. Es macht die Universität lebendiger. Achten Sie darauf, wenn Sie sich die Universität aussuchen. Die Lage kann ein entscheidender Punkt sein. Vermeiden Sie Universitäten, die vor der Stadt auf eigenem Campus gebaut sind. Alle fliehen sie, sobald sie können. Die Lebens- und Arbeitsqualität ist um eine Zehnerpotenz reduziert!

Neben den Seminarräumen sind die wichtigsten Plätze an der Universität: Mensa und Bibliothek. Darüber unten mehr.

MENSA. SICH TREFFEN.

Die Mensa ist der natürliche Ort der kalorischen Aufwärmung. Vor allem aber trifft man sich dort: Es ist zugleich ein Ort der Diskussion, der Netzwerkbildung, der Freundschaften, der Liebschaften etc.

Man darf kulinarisch gesehen allerdings nicht viel erwarten. Das Essen ist zwar besser geworden (im Vergleich zu 1972 etwa), aber allzu kritisch darf man nicht sein, zumal es an bezahlbaren Alternativen mangelt. Natürlich wäre es ideal und schön, wenn die Universitäten inmitten der Städte lägen, umgeben vom vielfältigen Angebot einfacher Restaurants mit vernünftigen Preisen, wo man sich sehr viel individueller treffen könnte. Viele Universitäten sind aber sinnlos in die Landschaft geplant worden, sodass der Aufwand, in lebendige Stadtviertel zu kommen, zu groß ist angesichts der knappen Zeit (bevor man ins nächste Seminar schlendert).

Überhaupt sind die Kaffeehauskulturen am Aussterben. Ich kannte noch Kollegen, die ihre Seminare oder Kolloquien ausschließlich im Kaffeehaus abhielten (es waren dann auch Tische reserviert), und einen, der vormittags grundsätzlich im Kaffeehaus anzutreffen war. Wenn man mit ihm ins Gespräch kommen wollte (ebenfalls eine aussterbende Kultur), konnte man ihn dort ungezwungen ansprechen. Warum sollte das heute nicht mehr möglich sein? Ich halte das Hintergrundgeräusch schwebenden Plauderns, zischender Espressomaschinen und klirrender Gläser für äußerst anregend – Universität mitten im Leben. Ein unglaubliches, aber sinnvolles Privileg.

Das Symposion, selber eine aussterbende Veranstaltungsform an Universitäten, ist im Ursprung ein geselliges Gelage, bei dem die Rede frei fließen kann, ungehemmt. Es gehört zur europäischen Kultur, sich beim Essen geistreich zu unterhalten. *Et voila!* Warum nutzen wir unser europäisches Erbe nicht mehr?

Es geht hier nicht um Skurrilitäten, sondern um Produktivität: um die Inszenierung von Anregung, von Viabilität, von Atmosphären, in denen die Gedanken fließen. Und um Freiheit, dies tun zu können. Freiheit, nebenbei, ist notwendig, um neu denken zu lernen. Und was lehren Universitäten anderes, als neu zu denken, offen zu werden für Neues, und Reflexion des Vorhandenen.

Eigentlich ist jedes Essen ein kleines Fest. In französischen Kantinen habe ich erlebt, wie selbst für Arbeiter die Tische gedeckt waren. Das wäre eine gute Idee für Universitäten. Stattdessen stehen wir in großen Schlangen vor Büfetts, wie bei McDonald's, und müssen uns auf Brettern das Essen selber holen. Viele finden das so selbstverständlich, dass sie gar nicht darüber nachdenken, wie respektlos sie hier im Grunde behandelt werden. Es ist ein Zeichen, wie die Universitäten und die Gesellschaft, die sie finanziert, ihren jungen Nachwuchs einschätzen.

Warum sollen Universitäten nicht ihre eigene Esskultur haben? Warum soll Esskultur nicht auch ein Thema universitärer

Bildung sein? Kultur fängt unten an. Überlassen wir die Mensa nicht den Caterern und der Bürokratie. Kämpfen Sie für eine exquisite Mensa.

PARTYS!

Natürlich gehören zum Studentenleben Partys. Es ist eine exzeptionelle Zeit. Viele Partys heißt: viele Freunde. Dass die meisten davon lediglich Bekannte sind, wird heute nicht mehr so eng sortiert, in Zeiten von Facebook, wo jeder noch so lose Kontakt als *friend* notiert wird. Wer zu den (engen) Freunden zählt, erweist sich erst in schwierigen Zeiten. Zumindest aber lernen Sie viele neue Leute kennen. Da Sie sich die Zeit relativ frei einteilen können, sind Sie flexibler als jene, die schon arbeiten. Das ist ein soziales Privileg, das die meisten einfach so hinnehmen.

Grundsätzlich unterscheiden Studenten sich in diesen Dingen nicht von anderen Gruppen in der Gesellschaft. Es gibt keine eigene Studentenkultur (wie früher vielleicht in den Burschenschaften). Event ist Event, Party ist Party, Disco ist Disco. Bei vielen Partys bleibt man allerdings unter sich, im studentischen Milieu. Die vielen Partys sind ein Zeichen der Loslösung: nicht mehr bei den Eltern wohnen, eine eigene Lebensphase, keine soziale Kontrolle (alle sind – erst einmal – Fremde unter Fremden). Da sind Exzesse leicht möglich. Da Ihnen der Bachelor aber nicht sehr viel Zeit lässt, müssen Sie relativ früh lernen, mit Ihren Freiheiten umzugehen. Es ist ein Teil der Bildung, die Universitäten – ohne ihr Zutun – lehren können: für sich selbst verantwortlich werden. Und für die Freunde. Und für das Verhalten anderer Kommilitonen. Zu viel verlangt? Unterschätzen Sie nicht, dass Sie immer von außen als »die Studenten« betrachtet werden. Ihr Verhalten steht immer auch für das aller anderen.

Man lernt Selbstmanagement. Das ist einer der vielen Gratiskurse, die Universitäten anbieten (wenn auch nicht explizit). Das gilt nicht nur für das Partymanagement, sondern für alles, was Sie während des Studiums organisieren müssen. Die meisten von Ihnen sind das erste Mal selbständig im Leben, ohne das elterliche Umsorgtsein und ohne selbstverständliche Routinen. Man merkt bald, dass man lernen muss, zu trinken, ohne jedes Mal morgens Blei im Kopf zu haben. Sie müssen sich – im Gegensatz zu früheren Studentengenerationen – Ihren Lifestyle weder erkämpfen noch erarbeiten, er ist einfach da. Ein Test, inwieweit Sie ernsthaft studieren können – »Freiheit aushalten«.

Als Studenten sind Sie potenziell frei: eine freie Person, die sich in Relation zu anderen freien Personen arrangieren lernen muss. Sie sind keiner Hierarchie untergeordnet (weder Eltern noch Lehrern). Professoren sind keine Hierarchen (obwohl sie sich manchmal so gebärden), sondern stehen in der Funktion von Supervisoren und Mentoren Ihres Studienerfolges. Es ist angemessen, sich von ihnen einschätzen zu lassen (Prüfungen, Noten, Gespräche etc.), aber sie können Ihnen weder Anweisungen geben, noch üben sie Herrschaft aus. Manchmal versuchen sie es, aber dann wechseln Sie einfach. Machen Sie sich niemandem untertan.

Diese Freiheit zur Gleichheit freier Personen ist für Sie zum Teil neu. Die Bologna-Reform der Universitäten untergräbt das, indem sie Sie in ein straffes Seminargerüst pressen will. Die Hierarchie wird dann nicht von Personen ausgeübt, sondern von der Organisation und ihrer Struktur. Dazu habe ich an anderer Stelle einiges gesagt. Ich will hier nur darauf aufmerksam machen, dass die Freiheit, die Sie im Prinzip haben, ein Reichtum sein kann, den Sie aber heben müssen. Die Freiheit hat das Potenzial, die Bindungen einzugehen, die Ihre Haltung und letztlich Ihre Persönlichkeit ausmachen. Und wesentlich nur die. Aber das bedeutet Anforderungen: Sie müssen lernen, von Gleich zu Gleich sich zu verhalten und zu respektieren. Sie sind nicht mehr in der Schule, wo Sie mit anderen über längere Zeit zusammen aufwuchsen und bestimmte verteilte Rollenmodelle entwickelt hatten, mit gelinder Hierarchie. Das wird im Studium – wo Fremde auf Fremde treffen – anders. Sie lernen sich in neuen Rollen kennen. Das heißt, Sie lernen Ihr Potenzial kennen. Und darin sich. Auch das ist Bildung: eine Haltung zu sich selbst zu entwickeln.

GÄSTE

Ein seltsames Thema. Doch jede Universität lädt ab und zu Gäste ein: meistens Professoren, aber auch Unternehmer, CEOs, Politiker, um Vorträge zu halten. Oder Gastprofessoren, die länger bleiben. Gäste sind interessant. Sie bieten Themen, die nicht selbstverständlich sind an der Universität. Sie bereichern den Themenkreis. Gäste sollen höflich und herzlich behandelt werden. Dazu gehört es auch, ihre Veranstaltungen zu besuchen. Das ist die eigentliche Höflichkeit ihnen gegenüber.

Dass Universitäten Gäste einladen, ist auch eine Chance, die Sie ergreifen können, indem Sie Vorschläge machen, wer überhaupt einmal kommen sollte. Sie können, wenn Sie sich einsetzen, manches erreichen. Sie können erreichen, dass über die Gäste bestimmte Themen vorkommen, die die Universität sonst nicht angeboten hätte, zu erörtern. Sie können das auch selbständig tun, in Absprache mit der Universität: Vielleicht sammeln Sie bei Firmen Geld, um einen Fonds zu haben, aus dem Sie selber einladen können; natürlich auch die Firmen, die gespendet haben. Oder Sie laden selbständig ein, und viele, die Sie einladen, kommen *pro bono*. Auf ihre eigenen Kosten. Weil sie es spannend finden, mit Studenten – »unserer Zukunft« –

zusammenzusitzen und etwas zu erörtern. Wie gesagt: Das geschieht selten und ist deshalb wertvoll für Sie.

Aber warum schreibe ich eigentlich darüber? Gäste sind Gelegenheiten, anders ins Gespräch zu kommen. Man kann sie zusätzlich einladen – ob sie nun offiziell kommen oder von Ihnen eingeladen sind – in die eigene Wohngemeinschaft, um mit ihnen abends intimer zu reden. Gäste freuen sich oft über solche engen Kontakte mit Studenten (sie haben sonst keine Chance, mit jüngeren Menschen zusammenzukommen). Nutzen Sie diese einmaligen Chancen (zusammen mit Kommilitonen und Freunden) und bereiten Sie die Einladungen gut vor. Ich weiß von Studenten, die den Gästen ein Essen bereiten, ihnen sogar in der Wohngemeinschaft zu übernachten anbieten, gemeinsam trinken und reden.

So entfalten Sie in der Universität Ihre eigene Universität.

BIBLIOTHEKEN.
ORTE DES NACHDENKENS.

Bibliotheken sind eigene Welten. Man muss leise sein. So erst kann man in ihnen arbeiten. Hier müssen Sie wahrscheinlich umlernen, weil Sie es kaum gewohnt sind, dezent zu sein.

Bibliotheken bergen Schätze, die Sie kaum erahnen. Natürlich suchen Sie sich vornehmlich die Bücher, die Sie brauchen. Und gerade die, die Sie brauchen, sind oft ausgeliehen. Oft sogar von den Lehrstühlen. Seien Sie penetrant, gehen Sie zu den Lehrstühlen und verlangen Sie die Herausgabe. Die Bücher liegen dort meist nur herum. Viele Bücher sind auch geklaut. Da hilft es nichts: Gehen Sie in andere Bibliotheken, andere Universitäten in der Nachbarschaft. Oder kaufen Sie sich das Buch (1,5 Meter eigene Jagdstrecke!).

Natürlich bekommen Sie Aufsätze besser im Internet. Besorgen Sie sich Zugangsberechtigungen zu den elektronischen Zugängen, die die Universität gekauft oder gemietet hat. Oder fotokopieren Sie sich die Artikel (Sie sehen, ich komme noch aus einer Nichtnetzwelt).

Bibliotheken bieten einen ganz anderen Vorteil: Wenn Sie ein Buch suchen, suchen Sie rechts und links davon weiter, und

Sie werden Themen finden, die Sie auch interessieren. Sie können Entdeckungen machen. Das war für mich das Beste: etwas zu finden, was ich gar nicht gesucht hatte, was mich aber noch mehr zu interessieren begann. Bibliotheken können die, die so suchen, verzaubern. Es gibt tatsächlich eine Welt des Buches.

Vielleicht denken Sie ja viel pragmatischer. Aber sich einlesen in Dinge, die Sie vorher nicht einmal ahnten, ist eine besondere Art und Weise der Bereicherung. Der nächste Schritt wäre: Professoren zu fragen, was man in dem gerade entdeckten Gebiet wirklich lesen sollte, was wirklich wichtig sei.

Gehen Sie deshalb niemals in eine Bibliothek ohne Notizbuch und Schreibgerät beziehungsweise Laptop. Überhaupt sollten Sie dies immer bei sich haben: Sie könnten ja einen Gedanken bekommen, den Sie notieren wollen. Und Kaffee, Tee oder Mineralwasser nicht vergessen. Und etwas zu essen, damit Sie nicht stundenlang unterzuckert lesen.

Man kann Tage in Bibliotheken verbringen, Monate. Alte Universitäten haben wunderschöne Lesesäle. Genießen Sie diese eigene Welt. Sie werden kaum wieder in Ihrem Leben die Chance haben, so viel Zeit in Bibliotheken zu verbringen. Es sind Räume geistiger Konzentration, in die Sie kreativ eintauchen können.

Die Benutzung von Büchern im Studium hat allerdings ziemlich nachgelassen (außer in den Geisteswissenschaften). Dass die Zeitschriften so in Mode gekommen sind – jetzt natürlich online –, hat mit der Zahl der Wissenschaftler und der zunehmenden Menge ihrer Veröffentlichungen zu tun. Das hängt weniger damit zusammen, dass mehr gelesen wird, sondern damit, dass eine bestimmte Anzahl (und das jeweilige Ranking) von Zeitschriftenveröffentlichungen karrierefördernd sind (für die Berufungen auf Lehrstühle etc.). Für Studenten ist das eigentlich ziemlich uninteressant, da aber viele Wissenschaftler nur noch in Zeitschriften lesen, müssen Sie mitgehen. Ich kenne viele Kollegen, die noch niemals ein Buch geschrieben haben. Und wenn, dann ein Lehrbuch in Form einer Zusammenfassung ihrer Vorlesungsskripte. Nach der Veröffentlichung lesen sie dann aus ihrem Buch vor. *Mon dieu!*

Das Buch stirbt nicht aus, wird aber eher ein Gegenstand für Genießer unter den Intellektuellen. Bücher zwingen den Autor, größere Zusammenhänge zu entfalten. Zeitschriftenartikel dagegen lassen zu, dass man mit einem recht engen Ausschnitt aus einem Gedankengebäude, einer Theorie oder einem Gebiet durchkommt. Es ist oft wissenschaftliches Fast Food (neben etlichen genialen neuen Ideen oder Theorien natürlich). Ich rate Ihnen, gut zu mischen. Gönnen Sie sich pro Semester ein paar Bücher, damit Sie die großen Linien kennenlernen. Und nicht nur aus Ihrem Studiengebiet!

Gute Bibliotheken lassen Ihnen freien Zugang zu den Büchern. Nur lesen müssen Sie sie im Gebäude. Im Ausland sind Universitätsbibliotheken 24 Stunden geöffnet. Das ist nötig, weil man nachts oft am besten arbeiten kann. Überhaupt haben Sie die Freiheit, Ihren eigenen Rhythmus zu finden. Natürlich arbeitet man eher zu Hause – außer, wenn die Bibliotheken wirklich gut sind und die Nachtarbeit zulassen (in Witten/Herdecke zum Beispiel haben alle Studenten einen Zugangscode für die Bibliothek rund um die Uhr).

ARBEITSGERÄTE.
BE STYLISH!

Sie brauchen eine Ausrüstung:[26] Laptop, Tablet, Schreiber, Notizhefte, Tasche. Die Bücher kommen mit der Zeit dazu (genießen Sie es, bei den durchschnittlich guten Buchhandlungen der Universitätsstädte sich beraten zu lassen, zu schmökern etc.)

Wenn Sie – wovon auszugehen ist – hauptsächlich mit Laptop und Computer arbeiten, machen Sie unbedingt regelmäßig Sicherungskopien Ihrer Texte. Ich habe schon Leute in die Depression fallen sehen, weil Ihre Doktor- oder Seminararbeit plötzlich unauffindbar war.

Neuerdings habe ich »Dragon NaturallySpeaking« auf meinem Computer: eine Diktiersoftware, die tatsächlich, nach einer gewissen Eingewöhnungszeit, glänzend funktioniert. Sie sprechen in Ihr *head-set*, und der Text erscheint sofort auf dem Bildschirm. Allerdings müssen Sie deutlich artikulieren. Alle Dialekte können Sie sofort vergessen. Und die gewöhnlichen Verschleifungen der Alltagsaussprache. Dann allerdings ist es ein Zaubermittel, vorausgesetzt, Sie können druckreif reden. Ab und zu gelingt mir das.

Wir sollten am Ball bleiben. Bald kommen die Übersetzungsprogramme. Ich werde es nicht mehr erleben, aber Sie. Sie sprechen einen guten deutschen Text, und Ihr Gegenüber versteht es in Kisuaheli oder Koreanisch. Oder Englisch. Ich bin zwar skeptisch, ob aller Sinngehalt wirklich transportiert werden wird. Aber so, wie wir heute bereits ein internationales Englisch-Esperanto reden, wird es gewiss klappen. Dann wird es darauf ankommen, dass wir in unserer eigenen Sprache exzellent sind. Also: Deutsch lernen. Und können. Sie werden Ihren *tool-park* extrem erweitern. Aber das dauert noch ein paar Jahre.

ÄNGSTE UND PHARMAKA

Hierzu nur so viel: Wenn Sie, um überhaupt studieren zu können, Prüfungen zu absolvieren etc., Drogen oder Pharmaka (Ritalin zum Beispiel) brauchen – hören Sie auf.

Das Studium muss Ihnen als eine Bereicherung vorkommen, als Flow, in dem Sie angeregt schweben. Alles andere ist Krampf, neurotisch, aufgesetzt. Entweder sind Sie dann falsch beraten, Zwängen ausgesetzt oder haben eine falsche Selbsteinschätzung. Sie versauen sich die Freiheit des Geistes, um die es entschieden geht. Brechen Sie ab. Es gibt wunderbare andere Lebensmodelle.

Mehr muss man dazu nicht sagen. Ich halte nichts von therapeutischen Versuchen, Sie in einen Stand zu bringen, das Studium »auszuhalten«. Allein das ist schon wieder eine Überforderung für Sie. Ich finde, man sollte allen, die Schwierigkeiten haben, zu studieren, vom Studium auch abraten.

DIGITAL WORLD

Dass Sie twittern, an Facebook teilnehmen etc., gehört zu Ihrer Welt. Für die Wissenschaft ist dieses Format nicht wirklich tauglich. Für Ihre Netzwerkaktivitäten kommen Sie gar nicht mehr umhin. Eines Ihrer bevorzugten Hilfsmittel ist natürlich das Netz, ob über Google oder über andere Suchmaschinen. Ich halte das für unabwendbar, und die Universitäten werden sich darauf einstellen. Vieles wird auch an Lehre über das Netz laufen (*e-education*, *e-learning*). In dieser Hinsicht sind Sie momentan schlauer und agiler als die Universitäten.

Vieles holen Sie sich bereits aus dem Netz. Ich kenne Studenten, die sich ihre Arbeiten daraus zusammenstellen. Das ist natürlich weder erlaubt noch Sinn des Studiums, da man ja jeweilige persönliche intellektuelle Fähigkeiten prüfen will, und nicht die Kunst, fremde Texte in eigene umzubasteln. Vor allem können Sie so nicht selbst prüfen, was Sie wirklich können.

Doch die Möglichkeit reizt natürlich zum Plagiat. Man holt sich Texte aus dem Netz, montiert sie, und so entsteht die eigene Hausarbeit oder Abschlussarbeit. Man schätzt, dass ca. 30 Prozent aller Universitätsarbeiten so zustande kommen. Viele Kollegen prüfen die Arbeiten daraufhin nicht. Aber seien Sie sich

dennoch nicht sicher. Dieses Vorgehen gilt – hochschulrecht-
lich – als Betrug, und Sie müssen mit heftigen Reaktionen rechnen, bis hin zur Exmatrikulation. Das ist keine moralische
Anmerkung, sondern der klare Hinweis, dass man mit der
eigenen Leistung nicht spielt. Als Professor fühle ich mich be-
trogen: um Ihre Leistung. Das meine ich gar nicht moralisch:
Ich kann Sie schlicht nicht bewerten, weil Sie die Spielregeln
nicht eingehalten haben. Was soll ich fremdes Zeug lesen, wo
ich Ihres lesen will?

Die neue digitale Welt ist wunderbar. Ich bin auf das Internet, auf Mails und Xing beschränkt. Aber auf mich müssen Sie
in diesen Dingen nicht weiter Rücksicht nehmen. Natürlich
weiß ich Bescheid:[27] Die Märkte ändern sich, mit ihnen aber
auch unsere Verhalten, unsere sozialen Beziehungen, das Lernen. Zwei Entwicklungen werden Sie begegnen: zum einen der
Moodle-Welt (oder ähnlichen Systemen). Man kommuniziert
über Vorlesungen, Seminare, stellt Materialien ins Netz etc. Zum
andern der freien Suchwelt Google *and so on*. Im Grunde kommen Sie an alle Texte, alle Theorien, alle Überlegungen.

Ich bin immer wieder überrascht, wie intelligent das Netz
gespielt werden kann für eigene Arbeiten, welche Ideen, die im
Seminar kaum behandelt wurden, Ihnen zugänglich sind und
Sie in Ihre Arbeiten gut einbauen und so verwerten können.
Dazu bedarf es längerer Suche – und Lektüre. Allein die Tatsache, dass Sie über die Texte, die Ihnen vorliegen, hinausgehen, mehr und weit ausgreifender lesen, ist ein ungeheurer
Pluspunkt im universitären Leben. Natürlich machen das nicht
allzu viele. Aber die es machen, überraschen mich – und sich
selber. Gehen Sie auf die Suche, lesen Sie sich ein, sortieren Sie
Sinn von Unsinn.

Sie merken erst darüber, wie vielfältig die Wissenschaftswelt ist, vielfältiger, als sie Ihnen in jedem Seminar gezeigt werden kann. Und wie kontrovers! Die Suche im Netz ist das beste Mittel gegen Vereinseitigung. Das antidogmatische Feld!

Wie gesagt: Sie kennen sich besser aus als ich. Aber das hat Grenzen:

IM GESPRÄCH MIT MEINEM INTERFACE

Wenn ich etwas wissen will, schaue ich nicht mehr im Brockhaus nach, sondern im Internet. Mein Interface heißt MacBook Air und ist so leicht wie früher ein Schulatlas. Man kann es mit sich herumtragen.

Ich diskutiere mit dem Air. Ich frage das Notebook etwas, wenn auch in eigentümlicher Form, indem ich Stichworte bei Google eingebe. Google antwortet sofort mit zum Beispiel 19 447 Antworten, von denen mir zwölf sofort auf Seite eins angeboten werden. Ich muss jetzt in die angebotenen Halbsätze einsteigen und aussortieren, bis ich etwas gefunden habe, das mir als Antwort brauchbar scheint. Wundersamerweise bekomme ich Antworten, die ich nicht gefragt habe. Ich frage weiter, länger, tiefer.

Vor allem muss ich die angebotenen Seiten lesen. Die Überschriften sagen fast nichts aus. Die Kriterien, die festlegen, welche Inhalte vorne stehen (Seiten zuerst genannt werden), sind mir schleierhaft (es gibt gewiss gute technische Antworten). Man muss manchmal in die Tiefe von zehn bis 20 Seiten gehen, um etwas Lesenswertes zu finden. Zwischendurch quält man sich mit Datenmüll herum. Mein Interface enttarnt sich als Archiv, das mit Müllhalden gekoppelt ist.

Was weiß ich nun? Ich habe ein *linguistic cluster*, eine Wolke von Wissensmöglichkeiten, aus der ich nur das filtere, was ich als Antwort gut genug finde, also schon vor der Suche meine, wissen zu sollen. Die Mannigfaltigkeit parallelen, anderen und differenten Wissens ignoriere ich; es ist schlicht zu viel, um das alles zu bearbeiten. So viel wollte ich gar nicht im Interface erfahren! Es ist voller Sachen, die ich nicht brauche, die aber genau das enthalten könnten, was mir nicht nur eine Antwort gibt, sondern eine bessere, als ich erwartet habe. Ich ignoriere das meiste, weiß aber nicht, ob sich nicht die wichtigen oder bedeutsamen Antworten gerade dort befinden. Wer hat die Zeit, das alles zu durchforsten?

Ich nutze die Wissenswolke zu fünf bis zehn Prozent, wenn es hoch kommt. Der Rest bleibt im Schatten des Nichtwissens. Wissen wird mir so geliefert, wie ich frage. Gerade weil ich genau frage, bekomme ich genaue Antworten, die mehr oder weniger dem entsprechen, was ich vermutete. Selten finde ich Antworten, die meine Frage infrage stellen, mich also zu genauerem Fragen veranlassen. Das Google-Wissenssystem ist auf Standards gebügelt, die nur aufrufen, was wir schon wissen, in seinen Details aber vergessen haben. Was ist das für ein Wissen? Die Brockhaus-Nummer läuft gut, aber ich muss bereits immer schon wissen, was ich fragen will. Wissen, das mich überrascht und mein Fragen ändert, findet nur zufällig statt. Eigentlich müsste mein Interface mich fragen lehren. Ich wünsche mir einen Avatar, der den Sokrates spielt: der ständig rückfragt, sodass ich lerne, was zu fragen lohnt, was nicht.

Ich will aber keinen Sokrates, der lernt, wie ich frage, um für mich im Netz die Fragen zu stellen, die ich beantwortet haben will. Denn er würde nur kopieren und fokussieren, was ich bisher weiß, um es smarter zu fragen. Ich will nicht nur Zugriff auf Wissen als Informationsdatenbank (*know that*), sondern auch, wie ich zu Fragen komme, die mich weiterbringen über das hinaus, was ich schon weiß und in den Datenbankaufrufen mehr oder minder nur bestätigt beziehungsweise erinnert bekomme (*know how*). Erst wenn ich per Anfrage eine Antwort weiter befragen lassen könnte, zum Beispiel mit dem Befehl »suche argumentative Alternativen«, »andersartige Konzepte«, »Kritiken«, »Weiterentwicklungen dieses Wissens« etc., beginnt für mich der Diskurs hochwertig zu werden. Oder wenn ich fragen könnte, welche aktuellen Argumentationen neue Einsichten bieten (zum Beispiel nach dem neuesten Stand der Forschung und ihren abweichenden Ansichten).

Wir wollen selten etwas nur wissen (Nachschlagen wie im Brockhaus), sondern Zusammenhänge verstehen und neue Einsichten gewinnen, differentes Wissen. Die Wissensgesellschaft entpuppt sich als Informationsgesellschaft, in der mein Suchaufwand so hoch ist, dass ich vorzeitig abbreche, vor der Zeit, noch bevor ich wirklich etwas Neues erfahren habe. Als Nutzer habe ich die ganze Beurteilungsarbeit; das scheint sehr menschenfreundlich zu sein, entlastet mich aber nicht. Je mehr ich »wissen« will, je mehr ich suche, umso mehr Differenzierungs-, Evaluations- und Sortierarbeit habe ich. Die Suchmaschinen meines Interface akkumulieren mir die Angebote, die zu durchforsten ich weder die Zeit noch die Kriterien habe. Es ist nett, so zu erfahren, dass der Mensch weiterhin im Mittelpunkt steht, aber wo bleibt der technische Fortschritt, der mich entlastet gerade in den wichtigen Funktionen der Sortierung, Evaluierung, Interpretation?

Ich habe nicht das Empfinden, von meinem Interface darin unterstützt zu werden. Vielleicht bin ich internettechnisch hinter dem Mond und kann die wunderbaren Nutzungen nicht bedienen, die sich von web.03 bis web.05 bereits anbieten. Aber ich bin ein normaler User, wie Millionen andere auch. Was bekommen wir? Mein Interface entpuppt sich als informationaler Supermarkt, mit so vielen Angeboten, wie ich sie auch im ordinären Supermarkt überfordernd finde. Die *possible worlds* sind kaum erschließbar, jedenfalls nicht in irdischen Zeiten. Es ist so, dass ich, statt einen Brockhaus aufzuklappen, eine Million Brockhause auf den Tisch geknallt kriege, mit der beliebten Maxime »schau nach«. Mit der Freiheit der Information geht die Qual der Auswahl von Relevanz einher. Zumal die differenten »Netz-Brockhause« nicht gekennzeichnet sind. Es ist so, als ob viele differente Editionen in ein einziges Buch mit dem Umfang von einer Million Seiten gepresst sind (und unter jedem Stichwort 1000 Einzelerklärungen, von denen sich ein hoher Prozentsatz ähnelt. Aber welcher?).

Alle Angebote vorläufiger Vorsortierung folgen Regeln, die ich nicht kenne oder bald als eigensinnig entdecke: Man will mir bestimmte Versionen des Wissens verkaufen. Manche davon verkünden das frank und frei, andere geben sich neutral.

Warum rede ich so lange darüber? Weil es zeigt, dass das Netz unser Verhältnis zum Wissen ändert, aber zugleich beschränkt. Ich suche vornehmlich nur das, was ich im Prinzip, *round about and so far*, weiß. Was ich nicht weiß, suche ich nicht. Oder es fällt mir nur zufällig auf. Was heißt das? Dass ich etwas wissen muss, um zu suchen. Wenn das Netz aber nur das

Wissen anbietet – und unendlich verfeinern kann –, das ich schon habe: Wie komme ich auf neues Wissen? Auf neue Fragen? Auf alternative Suchen?

Sie ahnen vielleicht, worauf ich hinauswill: dass Universitäten nötig sind, um Wissen und Verstehen zu entwickeln, aus dem heraus erst die Netzsuche Sinn macht. Netz und Universität bilden eine Komplementarität. Natürlich entwickelt das Netz den Trend, keine Bücher mehr zu lesen, weil man alles als relevant Erachtete in fraktionierten Quanten aus dem Netz holen kann. Dabei geht die Architektur des Denkens in Konzepten, Theorien, Theoriegeschichten etc. verloren. Universitäten sind die geeigneten Instanzen, diese denkerischen und theoretischen Architekturen zu entfalten. Erst so gewinnt man Navigationshorizonte, aufgrund derer die Suche Sinn macht. Ich nenne diesen Aspekt Universitäten als konzeptionelle Basis für Netzgebrauch. Damit man weiß, was man alles suchen kann.

Das ist der Unterschied zwischen »Wissen als Information« und »Wissen als Gedankengebäude«. Ich bin mir sicher, dass der Trend dahin geht, Wissen als Information zu betrachten. Das wird die Universitäten erfassen – beziehungsweise hat es schon längst – und die Arbeit an und mit Theorien erschweren. Man nimmt sie als »Information« über ein Konzept, ohne noch ihre entwicklungsgenetischen Entfaltungen zu verfolgen. Der Zugriff wird pragmatischer. Das ändert die Kultur (was man nicht beklagen muss. *So what!*).[28]

Ich kann Ihnen nur raten, sich auf die großen Gedankengebäude einzulassen. Nutzen Sie die Chance: Noch bieten das die Universitäten.

SOLLEN WIR UNSERE SPRACHE ENTWICKELN?

Natürlich. Welchen anderen Ort in der Gesellschaft gibt es, an dem Sprache entwickelt und kultiviert werden kann? Die Schule? Gerne, aber dann soll sie es auch leisten. An einer Universität lernt man gewöhnlich den ausgefeilteren Umgang mit der eigenen Sprache. Natürlich nur, wenn man viel schreibt, und natürlich nur, wenn man einigermaßen vernünftig diskutiert. Das Letztere setzt voraus, dass man in den Seminaren diskutiert (und nicht nur öde Vorträge anhört und Powerpoint-Präsentationen durchjagt). Und schreiben übt. Aber nur, wenn die, die Ihre Arbeiten korrigieren und begutachten, auch auf Sprache und Stil achten und Anmerkungen machen. Den meisten Kollegen ist der sprachliche Ausdruck aber egal (außer denen, die die Grammatik für wichtiger erachten als den Inhalt).

Warum rede ich überhaupt davon? Weil viele Studenten heutzutage weder Grammatik noch Zeichensetzung beherrschen, und nicht gelernt haben, einigermaßen vernünftige Aufsätze zu schreiben. Was in den Gymnasien dazu geleistet wird, entzieht sich meinem Blick (jedenfalls kommen viele darin schlecht ausgebildet an die Universitäten). Mir geht es aber gar nicht um die

Basics eines Studiums. Ich ziele hier darauf, dass die Universität als eine der ganz wenigen Institutionen, wenn nicht die einzige, die Chance bietet, das Sprachniveau einigermaßen hochzuhalten. Bloß – niemand achtet mehr wirklich darauf. Universitäten sehen sich nicht im Auftrag, sprachliche Fertigkeiten erst zu vermitteln, sie setzen sie implizit voraus – Pech für den, der hier Defizite mitbringt. Deshalb will ich Sie für das Thema sensibilisieren. Sich gut artikulieren zu können, ist eine intellektuelle Qualität, die nicht nur kulturelle Ambitionen zum Ausdruck bringt, sondern das Denken führt. Machen Sie den Test: Tragen Sie einmal ein komplexes Thema in freier Rede anderen vor. Und zwar nicht vorbereitet, sondern aus dem Stegreif, so, dass Sie beim Sprechen nachdenken, entwickeln und entfalten. Pausen, um Gedanke für Gedanke eine sich im Sprechen entwickelnde Architektur zu entwerfen, sind natürlich erlaubt. Also keine Scheu, probieren Sie sich aus.

Ich halte es für eine extrem bedeutsame Kompetenz, vor vielen unbekannten Menschen ohne Manuskript eine freie Rede zu halten. Wenn Sie das können, sind Sie ein einigermaßen autonomes Subjekt. Vor allem dann, wenn Sie eine Meinung, ein Konzept vortragen, das nicht auf Gefälligkeit ausgelegt ist, sondern durchaus Widerspruch erregen kann. Das zu können – ohne Lampenfieber, Schweißausbrüche, Verhaspelungen – ist eine unschätzbare Fähigkeit (die ein Moment an Führungsfähigkeit zeigt). Konrad Schily, mein alter Präsident, hat einmal gesagt: Vor 300 Menschen in freier Rede seine Meinung artikulieren zu können, wäre ein ausgezeichnetes Bildungsziel einer Universität. Ich halte das für ehrlich und angemessen: Der, der das kann, ist wahrlich ein freier Geist.

Üben Sie das Reden: im Seminar, vor Freunden, in Projekten, Klubs etc. Dann können Sie in die Politik gehen, aber das ist gar nicht so wichtig. Viel wichtiger: Dann können Sie anderen Argumente überzeugend nahebringen. Erst dann sind Sie intellektuell präsent. Üben Sie für sich, längere Gedankenketten frei zu sprechen. Sie werden sehen, dass Sie beim reflektierenden Sprechen in Gedanken kommen, das heißt wahrnehmen, wie sich Ihr Denken *in processu* entfaltet.

Und Sie werden mitbekommen, dass es, allein um das zu üben, Sprache und Artikulationskompetenz bedarf. Sie müssen mit Sprache umgehen können und nicht um Worte ringen müssen. Wenn die Sprache schon da ist, können Sie frei ins Denken kommen: ins Nachdenken, das Sie mit anderen teilen. Dann reden Sie wahrhaftig.

Das gilt auch für das Schreiben. Hier ist Übung notwendig. Sprache ist eine Artikulationsform, die, bewusst geschult, das Denken fördert. Erst dann finden Sie Lust an Formulierungen, das heißt an angemessenen bis genauen Ausdrucksformen. Es geht letztlich um das richtige Wort, den angemessenen Begriff, die richtigen Sätze. Die Sprache ist so reichhaltig an Möglichkeiten, dass Sie lernen sollten, sie zu nutzen. Natürlich auch Fremdwörter (als einen integralen Bestandteil der Sprache). Wenn Sie komplexe Sprache üben wollen, schulen Sie sich an Kant und Hegel oder an Musil. Wenn Sie die Musikalität der Sprache lernen wollen, lesen Sie Hölderlin, Rilke. Das sind keine Bildungsanweisungen, sondern Angebote, die hohe Kunst der (deutschen) Sprache kennenzulernen. Praktisch werden Sie einfacher sprechen, aber um ermessen zu können, was exzellent ist, muss man kennen, was exzellent ist. Sonst haben Sie gar keinen Begriff von den Möglichkeiten.

Das alles brauchen Sie später, für die Wissenschaft, für den Beruf etc. Ich bin inzwischen der Meinung, dass man sich mit der Sprache gesondert beschäftigen muss, weil viele wissenschaftliche Texte öde und unterhalb des Potenzials ihrer Sprachen sind. Deshalb ist die bessere Schulung immer die schöne Literatur. Dieses Buch übrigens schreibe ich in einer verständlichen Sprache, die sich bemüht, Komplexität herunterzubrechen auf klare Aussagen. Ihnen fehlt ein gewisses Maß an Subtilität? Die scheint mir für diesen Zweck unnötig. Als Philosoph schreibe ich komplexer (und rede manchmal auch so. Als Ökonom schreibe ich einfacher, weil sonst die Kollegen nicht weiterlesen. Was nicht heißt, dass auch dort komplexere Sprachgebilde nötig sind … Das aber gehört nicht hierher).

Unser Mails, unsere Tweets, unsere Facebook-Posts, unsere SMS sind sprachlich nicht besonders ausgefeilt. Es sind eigene Medien, und ich habe kein Problem damit, dort auch eigene Sprachformen zu verwenden. In den Mails bin ich manchmal flüchtig, was mich dann ärgert, aber es scheint tolerabel zu sein. Die Gefahr besteht jedoch, das, was wir in diesen Medien verwenden, auch auf andere zu übertragen. Wer lax schreibt und redet, denkt lax – meine Erfahrung. Darin liegt eine Unhöflichkeit: Wenn ich lax schreibe, bemühe ich mich nicht um gedankliche Klarheit. Das heißt, ich betrachte und behandle andere als nicht für würdig, sprachlich anständig »bedient« zu werden.

Sollten wir als universitär Gebildete das einfach mitmachen? Wer, wenn nicht wir, sollte hier andere Maßstäbe setzen können? Wir, die wir uns bemühen, denkerisch *on top* zu sein? Und dann lax im Satzbau?

GENDER TROUBLE

Natürlich sind Frauen und Männer verschieden. Auch als Studenten. Ich beobachte, dass junge Frauen intensiver studieren, genauer sind, leistungsfähiger. Ich sehe keine großen Ungleichbehandlungen in den Seminaren (außer vielleicht bei einigen älteren Kollegen). In den Wissenschaften allerdings ist die Geschlechteraufteilung immer noch sehr konventionell, sprich es gibt zu wenige Frauen. Ich will den Motiven nicht nachgehen, warum Frauen, obwohl gut, nicht in die akademischen Positionen nachdrängen.[29] Sie gehen eher in die Praxis, weniger in die Wissenschaften.

Dass Frauen studieren können, ist eine Errungenschaft des 20. Jahrhunderts. Die derzeitige demografische Entwicklung wird die Frauen über kurz oder lang in alle Berufe und Positionen bringen, weit mehr als heute. Männer werden sich noch in härterer Konkurrenz wiederfinden. In den Seminaren sind die Tendenzen heute bereits vorhanden. Die Professoren sollten das im Auge behalten. Und beide Geschlechter gleich fördern. Das klingt vielleicht absurd, aber ich habe Frauen erlebt, die den männlichen Studenten regelrecht das Wasser abgraben. Man neigt vielleicht dazu, das besonders zu fördern, weil Frauen die

»gleichen Chancen« haben sollen. Erlebt man aber diese forsche weibliche Intelligenz, kommt man langsam dazu, Männern Mut machen zu wollen, sich ebenso rasant zu entwickeln.

Es wäre unredlich, zu leugnen, dass sich die Geschlechter – gerade im studentischen Alter – (auch) erotisch begegnen und beobachten. Natürlich flirten sie, gehen Beziehungen ein (und brechen sie wieder ab). Manche Fakultäten, mit Frauenüberschuss, sind im festen Blick anderer Fakultäten, in denen Männer dominieren. Man weiß, sich zu treffen und zu arrangieren. Doch bilden sich in den Universitäten keine neuen Beziehungsmodelle. Sie stellen eine Phase, einen Übergang dar, vielleicht eine Art Ausnahmesituation. Danach – im Beruf – fallen die meisten in die gewohnten Muster der Gesellschaft zurück. Die Universitäten bereiten eben nicht auf Berufe vor, verstehen sich nicht als gesellschaftliche Bildungsstätte, vermitteln keine Rollenmodelle für die Zeit danach.

Der *gender trouble* beginnt nach der Universität. Die experimentell geübten Beziehungen während des Studiums bilden keine Modelle (außer dass man gelernt hat, sich häufiger zu trennen. Aber hat man das wirklich gelernt?). Weder die klassische Eheform noch der Feminismus helfen, den Anforderungen des Berufslebens angepasste Beziehungsmodelle zu etablieren. Der Mann geht nach Sydney, die Frau arbeitet in Frankfurt. Man fliegt hin und her. Wie lange geht das gut? Welche *home-base* hat man?

Andere Länder bieten *Double-career*-Arbeitsplätze (in den Universitäten, in den Firmen). Wir kennen das in Deutschland fast nicht. Es setzt auch voraus, dass zwei in der gleichen Branche, in der gleichen Firma arbeiten, also ungefähr dieselbe Qualifikation haben. Meist geben die Frauen ihren Beruf auf (oder bereits schon den Berufswunsch), bekommen Kinder und kümmern sich um die Organisation der Familie (Familienmanagement). Ich halte das für eine Entwertung der universitären Ausbildung der Frauen. Was es endlich braucht, sind also Organisationswelten, in denen Ehe, Kinder und Berufe vereint werden können. Gut, das ist keine Aufgabe der Universität (außer im wissenschaftlichen Bereich). Aber es ist eine Folge der Universität: Sie qualifiziert beide Geschlechter, sorgt jedoch nicht dafür, dass beide Geschlechter ihre Qualifikation einsetzen können.

Vielleicht gehe ich zu strategisch an die Sache heran, aber angesichts der heutigen Anforderungen durch den Beruf scheint es mir hilfreich und sinnvoll, aus dem Studium heraus vernünftige Beziehungen mitzunehmen, die eine gute Lebensgrundlage für später bilden können. Das aber müssen Sie selber arrangieren. Da hilft Ihnen die Universität nicht. Wie sie überhaupt nicht hilft, Ihr Leben zu gestalten. Sie werden mit Wissen infiltriert, ohne mitzubekommen, wie dieses Wissen nachher im Leben ausgehalten werden kann, welche Lebensformen dadurch entstehen können. Deshalb ist es nicht erstaunlich, dass viele nach der Universität in die gesellschaftlichen Routinen zurückfallen, vor allem die ihrer Eltern. Da Sie aber in einer hypermodernen, beweglichen Welt leben werden, sind das keine tragfähigen Muster mehr.

Wahrscheinlich haben Sie so noch niemals darüber nachgedacht. Zum Beispiel könnte man, weil man ja ein gutes Einkommen haben wird bei doppelter Berufstätigkeit, von vornherein sein Leben darauf einstellen, Angestellte im Haus zu haben, die bestimmte Freiheiten auch im Hinblick auf das Berufsleben gewährleisten. Das heißt, man investiert in eine spezifische Organisation des Lebens, die natürlich das verfügbare Einkommen für den Lifestyle senkt. Allein das schreckt viele ab (wahrscheinlich auch Sie) – weniger Freizeit, weniger Unternehmungen, weniger Ferien etc. Aber Sie würden einen stabilen Rahmen für berufliche Flexibilität aufbauen. Sie sehen, es geht nicht nur um die Frage der Beziehungen, sondern vor allem um die Organisation der Familie (wenn Sie denn eine haben wollen). Kurz: Es gibt durchaus Modelle, die vermeiden, dass die Frauen ihre Bildung entwerten müssen und ihre Berufsfähigkeit gegen das Mutterdasein eintauschen.

Wer wagt so etwas fast schon wieder innovativ Avantgardistisches? Statt doch wieder nur die Sekretärin zu heiraten oder vom beruflich hochstrebenden Ehemann geschieden zu werden (zum Beispiel wegen der Sekretärin)? Ich rate Ihnen, das Studium und das Leben danach als einen Zusammenhang zu begreifen.

ELITE? NEIN: AVANTGARDE!

Deutschland, das Land der Dichter und Denker (längst vorbei!), kannte früher eine hohe Verehrung der Bildung. Die Universitäten und ihre Professoren standen im Ansehen ganz oben. Ihr Urteil galt etwas in der Gesellschaft (»Herrschaft der Mandarine«), weniger vielleicht in der Politik und beim Militär. Als Schüler hatte ich im Jahr 1965 den Vortrag eines Physikers aus Hamburg gehört. Er kam im Frack und bewegte sich wie ein Priester, hochzeremoniell und weihevoll redend. Eine Diskussion danach war ausgeschlossen. Die Fragen würden, so hatte ich den Eindruck, nicht an die »hohen Worte« des Geistesfürsten heranreichen können. Geist war irgendwie oben, das Volk unten. Holla, die Waldfee!

Das hat sich alles längst geändert. Professoren sind nicht mehr unangreifbare Autoritäten, und Akademiker sind keine elitäre Gruppe mehr, spätestens, seitdem es seit den 1970er-Jahren die Massenuniversitäten gibt. Jetzt gehen auch andere Schichten studieren, nicht mehr nur die Kinder des Bildungsbürgertums. Dennoch studieren im Verhältnis zu anderen Ländern bei uns immer noch viel zu wenige, vor allem viel zu wenige aus den unteren sozialen Schichten. Gerade wenn man aus einfachen und mittleren Verhältnissen kommt, wird einem oft geraten, gleich zu arbeiten. Lassen Sie sich so etwas nicht einreden. Studieren Sie. Und studieren Sie zu Ende. Heute können Sie mit dem Bachelor in drei Jahren einen Abschluss erreichen.

Das entspricht von der Dauer gesehen einem Fachhochschulstudium. Welcher Wert dem BA in der Wirtschaft zugesprochen wird, muss sich letztendlich erst noch zeigen. Manche bezeichnen den Bachelor bereits als »qualifizierten Studienabbruch«. Man hat die kürzere Studienzeit eingeführt, um mehr Studenten in kürzerer Zeit zu produzieren und damit vor allem die Massenuniversitäten zu entlasten. Richtig studieren, also den Master machen, soll nur wieder eine wissenschaftsorientierte Elite. Eigentlich müssten die Universitäten sehr viel besser finanziert werden, stattdessen kürzt man, bei etwa gleichem Budget, die Durchlaufzeiten. Ich halte nichts davon.

Ich rate Ihnen: Legen Sie von vornherein Ihr Studium auf fünf Jahre an. Kalkulieren Sie also BA und MA zusammen. Im Vergleich zum Master-Abschluss haben Sie mit dem BA allein immer die schlechtere Karriereoption. Vor allem aber: Nutzen Sie die Zeit. Es ist die einzige Zeit in Ihrem Leben, in der Sie sich dem Denken hingeben können, Ihrer persönlichen Entwicklung, neuen Ideen. Das bekommen Sie nie wieder.

Sie wären verrückt, wenn Sie das, aus welchen Gründen auch immer, verkürzen wollten. Noch einmal: An der Universität geht es um Bildung, nicht um Ausbildung. Ausbildung ist richtig, wo sie auch explizit angeboten ist. Das aber bekommen Sie an der Universität nicht. Es geht hier nicht darum, in kürzester Zeit irgendein Zertifikat zu erwerben, damit Sie sich schneller in die Schlange der Arbeitswilligen einreihen können.

Was ist schon ein Zertifikat wert, wenn Sie nicht Ihre Neigungen, Ihre Kompetenzen, Ihre Neugier entwickelt haben?[30] Wenn Sie die intellektuelle Auseinandersetzung nicht so mögen, überlegen Sie, ob Sie nicht gleich lieber auf eine Fachhochschule oder sogar eine Berufsakademie gehen. Da bekommen Sie handfeste Ausbildung, dort erleben Sie *tool-machines*.

Auch mit einer Fachhochschulausbildung können Sie etwas werden. Ob Sie in die höchsten Positionen kommen werden, ist eher fraglich. Wahrscheinlich müssen Sie irgendwann nachstudieren. In unserer Wissensgesellschaft werden Sie sowieso ein- bis zweimal nachstudieren müssen, um sich das Wissen anzueignen, das Sie bei der Arbeit nicht mitbekommen haben. Um wechseln zu können, um weiterzukommen. Universitäten disponieren Sie hier besser. Seien Sie gleich gründlicher.

Gehören Studenten zur Elite? Natürlich nicht. Elite wird – anders als in Frankreich oder England oder in den USA – bei uns in Deutschland nicht auf bestimmten Universitäten gebildet, sondern setzt sich – eher still und unbemerkt – durch Herkunft durch. Dagegen können Sie, wenn Sie nicht aus diesen Kreisen kommen, kaum anarbeiten. Elite ist der Klub derer, die denken, dass man eine bestimmte Mentalität braucht, um später führen zu dürfen. Das scheint ihnen bei ihren eigenen Kindern, die an andere weiterempfohlen werden, eindeutiger gegeben als bei den Aufsteigern. An manchen Privathochschulen massiert sich dieser Nachwuchs (Witten/Herdecke ist hier mit seiner normalen Mischung eine Ausnahme), der glaubt, mit seiner Herkunft bereits Führungsfähigkeit gepachtet zu haben. Die meisten dieser scheinbar durch Geburt Talentierten liegen hier natürlich einer fatalen Fehleinschätzung auf. Aber auch sie sollten ihre Chance bekommen, sich zu bilden. Oft ein hartes Stück Arbeit, das aber gelingen kann. Hier sind die Universitäten in der Verantwortung. Die Frage ist nicht, ob wir Eliten brauchen, sondern wie sie gebildet werden:

»Eher erkennt man Eliten an ihrer Fantasie, die über das je Bestehende hinausgehen will, an ihrer Urteilskraft, an der Fähigkeit zur psychischen und auch körperlichen Anspannung, vor allem aber an der Bereitschaft, mehr zu investieren – in jeder Hinsicht –, als vorschriftsgemäß gefordert wird. Zu einer Elite gehören heißt, dass man die Gelegenheit, mehr leisten zu können, als das eigenste Privileg ansieht, statt auf Privilegien als Belohnung für mehr Geleistetes zu pochen.«[31]

Universitäten bilden keine Eliten aus. Aber viele, die Universitäten durchlaufen, werden später zur Elite gehören. Also sollten die Universitäten den Bildungsauftrag sehr viel ernster nehmen und die Studierenden höflich und nachdenklich machen. Universitäten sind vornehmlich wissenschaftliche Einrichtungen, die lehren, wie man wissenschaftlich denkt. Und Wissenschaft selbst ist Avantgarde, sie revolutioniert sich ständig selber. Hier einzutreten bedeutet, an den Wissensentwicklungen teilzunehmen, um sie möglicherweise mit voranzutreiben. Und zwar nicht nur als professioneller Wissenschaftler, sondern auch in allen anderen Positionen in Wirtschaft und Gesellschaft. Die Dynamik moderner Entwicklungen ist kein vorübergehender Zustand. Gehen Sie ins Spiel. Spielen Sie mit.

Avantgarden sind die schnellen Truppen vor der Garde, die leichtfüßigen ersten Angreifer, die den Kampf testen, bevor die Hauptkampflinie aufmarschiert. Wenn die Garde aktiv wird, ist die Avantgarde bereits auf einem anderen Schauplatz angelangt. Sie ist immer vorne, mit einem gewissen gesellschaftlichen Mut, Grenzen auszuprobieren, Neugierde zu entfalten und Innovationen anzuführen. Stephan A. Jansen, Präsident der Zeppelin Universität, zum Beispiel plädiert für ein »Lob der Disziplinlosigkeit« (»wundervoll undiszipliniert und riskant« müssten Universitäten sein).[32] Das wird nicht einfach: »Gibt es eine Idee, wie man von Ausbildung auf Bildung, von Auswendig- auf Inwendiglernen, von Linearität des Wissens auf die vernetzte Entdeckungskompetenz im Umgang mit Nichtwissen umstellt?«[33]

Nur wenn Sie gelernt haben, den Änderungen und neuen Dingen unerschrocken gegenüberzutreten, sind Sie ein *modern player*. Und ein *change agent*. Seien Sie ganz selbstverständlich selbständig, neugierig, erobernd. Gehen Sie ins Risiko der Erkenntnisse. Sie sortieren sich noch früh genug, verfestigen Ihre Meinungen noch genügend. Erproben Sie an der Universität Ihre mentale Elastizität. Sie haben vieles noch gar nicht kennengelernt. Wie also wollen Sie sich jetzt schon festlegen? Entwickeln Sie Ihre avantgardistische Kompetenz. Ich halte es für selbstverständlich, dass Sie die Welt verändern wollen. Lernen Sie, wo Sie es können, wo Ihre Potenziale liegen. Und trauen Sie niemandem, der Ihnen erklärt, wo es langgeht. Das müssen Sie selber herausfinden. Das genau ist Ihre persönliche Bildung.

Wenn Elite heißt, dass man in jungen Jahren schon weiß, wo man später steht, folgt man einer Illusion, baut aber keine Kompetenz auf. Bilden bedeutete dann, an sich zu arbeiten, um herauszufinden, wo man später stehen will (und kann). Wollen Sie sich von anderen vorschreiben lassen, wo Sie hingehören? Das zu glauben wäre »selbst verschuldete Unmündigkeit«. Organisieren Sie sich Ihre Bildung selbständig, frei, mutig, von mir aus unbekümmert (ins Nachdenken kommen Sie ja sowieso).

Der Begriff Elite hat – in Deutschland zumal – ein schweres Erbe. Weil er automatisch mit elitär negativ konnotiert wird, ist er auch kaum noch brauchbar. Leider reicht es auch nicht, wenn wir stattdessen von Führung reden, weil man damit standardisierte Muster meint. In einer dynamischen und Wissensgesellschaft ist es aber auf Dauer nicht ausreichend, lediglich Muster zu repetieren. Die Eliten, die diesen Begriff noch verwenden wollen, müssen Brüche produzieren, Störungen, Unterbrechungen.

Das tun sie, wenn sie Avantgarden sind: aufmerksame Schwärme von Neugierigen, die sich nach neuen Optionen umsehen, ohne sich an alten festhalten zu müssen. Gerade Universitäten können sich mit dem Elitebegriff wenig versöhnen, sie sind prädestiniert für Avantgarden. Sie thematisieren Probleme, die anderswo noch gar nicht existieren. Sie nehmen eine spezifische Haltung dem Neuen gegenüber ein: kompetent, achtsam, neugierig (beobachten Sie einmal die Führungsschichten der neuen Weltkonzerne der USA: Amazon, Apple, Google, Yahoo, Facebook, Twitter etc. Es sind Aufsteiger aus der Hippie-Kultur der 1970er-Jahre. Oft anarchistische Querdenker, die sich die Internetschiene zum Weltmodell auserkoren hatten, weil die klassische Wirtschaft davon nichts verstand. Das könnten Rollenmodelle auch für Sie werden).

Deswegen sind Universitäten, wenn sie gut sind, nervös, vibrierend, kritisch. Die Avantgarden, die sie bilden, gehen ja in eine dynamische Welt, in der sie mit Änderungen gelassen umgehen können sollen. Das heißt, dass man sie an der Universität vielfältig bereits erprobt haben müsste. Neugierde ist genauso wichtig wie Wissen. Schaffen Sie sich Grundlagen, von denen aus Sie die Welt verändern. *That's the point!*

GREMIEN – MITBESTIMMUNG – POLITIK: TO DEAL WITH POWER.

Wenn Sie an Ihrer Universität mitreden und mitgestalten wollen, landen Sie letztlich in Gremien (Studentenvertretungen, Berufungskommissionen etc.). Lohnt sich das? Natürlich. Denn Sie üben sich in Politik. Politik ist eine Form, sich mit anderen auseinanderzusetzen, die in allen Lebenssphären nützlich ist. Sie üben, Macht zu haben (und auch zu verlieren). Oder die Illusion von Macht zu haben, Kompromisse einzugehen, Emotionen zu kanalisieren, das Machbare ins Auge zu fassen etc.

Gremien funktionieren nach bestimmten Riten, Zeremonien, Satzungen etc. Das ist oft grausam langweilig, aber gehen Sie trotzdem ins Geschäft, lernen Sie, mit den Regularien umzugehen, Spielregeln einzuhalten, sie zu umgehen, andere zu überraschen etc. Über die Gremien bekommen Sie eine gewisse Reputation (müssen aber auch aushalten lernen, mitunter angefeindet zu werden), manchmal sogar ein Amt. Sie lernen etwas, was Sie kaum kennen: Verantwortung zu tragen und nicht nur die eigenen, sondern auch die Interessen anderer durchzusetzen. Ich halte das für eine Basiskompetenz in demokratischen Gesellschaften. Ich würde so weit gehen: Nur der, der das beherrscht, kann Elite sein.

Wer sich in Gremien bewährt, Interessennetzwerke aufbaut oder nutzt, Argumentieren lernt (zwangsläufig), ohne daraus gleich einen Beruf zu machen, übt sich in öffentlichem Verhalten (was Sie aus Ihren privaten Milieus kaum kennen).

Ich habe die Studenten – ausgenommen die penetranten Dogmatiker –, die sich politisch einsetzen, immer als anregend erlebt und die Diskussion mit ihnen als lohnenswert. Sie nehmen die Organisation nicht so hin, wie sie sich darstellt, sondern wollen Änderungen. Genau solche Leute braucht die Gesellschaft (siehe das Kapitel »Elite?«). Außerdem lernen sie, mit Hierarchien umzugehen, indem sie sie auf ihre eigenen Spielregeln verpflichten. Das wird nicht immer gelingen, aber sie lernen das Spiel. Nehmen Sie Gremienarbeit also als eine Form der politischen Bildung, die nicht auf dem Lehrplan steht, aber von jeder Universität nebenbei gratis angeboten wird.

Vor allem lernen Sie strategisches Verhalten: andere einschätzen, ihre Strategien antizipieren, eigene entwerfen, die andere übernehmen etc. – alles nicht entfernt so schematisch, wie es die Spieltheorie darstellt, aber ein *social game* von hohem Wirklichkeitswert. Und Sie lernen verhandeln, also eine Kunst, die in jeder Führungsposition beherrscht werden muss.

Gremienmitarbeit kann sinnvollerweise auch als Praktikum betrachtet werden, ein Praktikum, das nicht, wie sonst oft üblich, nur aus Hilfstätigkeiten besteht, sondern in denen Sie Formen der Mitsprache, des Einflusses erproben können. Sie lernen die Universität von einer anderen Seite kennen: als Organisation, in die Sie eingreifen können. Es geht dann nicht mehr um das Wissen der Wissenschaften, sondern um das Wissen der Organisation der Wissenschaften (und um völlig andere und trivialere Dinge). Man verliert falschen Respekt, gewinnt Reputation und lernt das *dealing of life circumstances* kennen.

Sind Sie gewählter Studentenvertreter, haben Sie oft noch den Vorteil, über einen Raum im Universitätsgebäude zu verfügen, den Sie für Ihre Gruppenarbeit oder für sich selbst nutzen können. Natürlich kostet »dieser Job« Zeit, und Sie müssen sich mit anderen ständig abstimmen: über Machtspiele, Strategien, Einsichten in Planungen, Gespräche mit Professoren und Verwaltungsleuten etc. Nirgendwo sonst bekommen Sie an der Universität einen solchen Einblick in Macht und Deutungsmacht.

Sie verlieren vielleicht gewisse Illusionen und werden geschult in pragmatischem Vorgehen. Es ist eine Übung in Demokratie. Demokratie ist kein neutrales Verfahren, sondern ein Machtspiel mit multiplen Teilhabern. Da davon auszugehen ist, dass Sie auch künftig in einer Demokratie leben werden, lernen Sie sie auf eine einfache und eindringliche Weise kennen, allerdings auch nicht immer schätzen. Aber die Verfahren werden Ihnen klar, die Möglichkeiten und die Schranken.[34]

UND WO BLEIBT DIE WISSENSCHAFT?

Sie werden vielleicht schon gemerkt haben, dass ich, während ich über die Universitäten rede, wenig von der Wissenschaft gesprochen habe. Aber um sie geht es doch schließlich? Ja. Aber ab wann?

Die meisten von Ihnen werden keine Karriere als Wissenschaftler machen. Im Bachelor-Programm wird ausdrücklich betont, auf die Praxis, auf Berufe hin auszubilden. Das ist insofern richtig, als Sie Kompetenzen benötigen, um später in Ihren Berufen und Jobs zu reüssieren. Wissenschaft im strengen Sinne findet hier also noch nicht statt. Wer das Studium im Master-Programm fortsetzt, sich zunächst also für wissenschaftliches Arbeiten entscheidet, kann wählen, ob er danach noch die Promotion anschließt, um möglicherweise in die Wissenschaft zu gehen (allerdings werden das andere mitentscheiden). Oder ob er nur einen qualifizierteren Abschluss macht als den Bachelor.

In jedem Fall halte ich es für sinnvoll, Studenten anzuregen, so früh wie möglich wissenschaftliche Arbeiten zu schreiben. Das setzt allerdings voraus, sie in den Seminaren auch entsprechend intensiv in die Wissenschaft einzuführen. Wenn Sie also eine Leidenschaft für Theorie entwickeln, suchen Sie sich Pro-

fessoren, die Sie darin beflügeln und unterstützen, auch früh-
zeitig damit und darin zu arbeiten. Das ist ein Weg, im Studium
die Wissenschaft nicht nur zu rezipieren, sondern in sie einzu-
steigen.[35]

Übernehmen Sie sich aber nicht. Es ist kein leichter Weg.
Doch Ihre Neugierde sollte, wenn sie sich mit Kompetenz mischt,
freie Fahrt bekommen dürfen. Als wissenschaftliche Hilfskraft
muss man nicht nur Fotokopien machen, sondern kann auch
in die Forschungsprojekte der Lehrstühle einsteigen. Bereden
Sie das: Wenn Sie gut sind, wird das gelingen.

Nicht alles, was Sie dann schreiben, taugt für eine Veröffentlichung. Aber es übt ungemein. Neben den Formaten »Hausarbeit« und »Essay« (als Prüfungsform) kann man mit den Professoren verabreden, eine kleine Studie zu einem Thema, das
einen leidenschaftlich interessiert (und den Professor möglichst
auch), zu schreiben – eine »independent study«, wie sie in einigen Universitäten genannt wird. Manchmal gibt es dafür sogar
Credit Points, und manchmal findet sich darin bereits ein mög-
liches Promotionsthema. Man kann eine solche Studie neben
dem Studium betreiben, über mehrere Semester, wenn das
Thema ergiebig genug ist oder es sich lohnt, tief zu bohren.

Allerdings: Man studiert – als Student – nicht die Wissenschaften, sondern Ausschnitte, Anfänge, spezifische Passagen.
Wenn man gut auswählt, erfährt man die Wissenschaften als
Anregung mit zwei Optionen: Man vertieft sich in sie und studiert länger. Oder man visiert, über den Master, mindestens die
Promotion an. Das wäre eine Strecke von ca. fünf bis acht Jahren (zwei Jahre für den Master und drei Jahre für die Promotion). Wenn Sie aus Neugier und Interesse im Bachelor schon
länger studieren, werden es leicht *in summa* neun Jahre.

Ich weiß, dass bei Ihnen gerade alle Warnleuchten angehen: sechs bis neun Jahre – ist das nicht verschwendete Zeit? Könnte man dann nicht längst schon Geld verdienen? Ja, natürlich. Aber wenn Sie Leidenschaften für die Wissenschaften und Theorien entwickeln, stellt sich dieser Gedanke bei Ihnen gar nicht ein. Sie ergreifen diese einzige Chance in Ihrem Leben, »Neugier, Engagement und intellektuellen Gestaltungswillen«[36] auszuleben. Was sonst?

BILDUNGSIDEALE.
EINMAL ANDERS.

George Steiner, ein großer humanistischer Literaturwissenschaftler, hat einen Entwurf für eine moderne Universität skizziert, der radikal und zugleich tief verwurzelt in der Tradition des europäischen Humanismus ist.[37] Ich erwähne ihn hier, weil er eine andere Lösung bietet als die in Deutschland immer dahingemurmelten Wunschbilder, die alte humboldtianische Universität wieder aufleben zu lassen. Ich bin überzeugt, dass etliche der amerikanischen Top-Privatuniversitäten humboldtianischer sind als die meisten deutschen Universitäten. Und ich glaube auch, dass der humboldtsche Ansatz noch trägt, wenn er modern gewendet wird. In einem Plädoyer für »Bildung« stellt Andreas Dörpinghaus[38] sechs Thesen auf, die man als humboldtsches Bildungsideal lesen kann:

- Bildung ist nicht Ausbildung.
- Bildung ist die Sorge um sich und die Weise der Selbstgestaltung.
- Bildung ist die Suche nach Erkenntnis und Verständigkeit.
- Bildung ist ein Sichfremdwerden.

- Bildung ist ein Wartenkönnen und eine Verzögerung.
- Bildung als kulturelles Gedächtnis.

Wilhelm von Humboldt, der die Berliner Universität Anfang des 19. Jahrhunderts gründete und leitete, hatte eine Reformidee: die jungen Studenten auf Augenhöhe in die Forschung mit hineinzunehmen. Es war eine Avantgardeidee, die vor allem eines bedeutete: Man wird nicht mit Lehrbuchwissen abgespeist, sondern mit frischer intellektueller Ware versorgt. Nur wessen intellektuelle Neugier ernst genommen wird, wird sich in das Reich des Geistes einschwingen, weil er sich eingeladen fühlt (und nicht durch abgewirtschaftetes Wissen abgestoßen). Es ist der Versuch, eine Universität nicht als Institution für Wissenstransformation zu denken, sondern als intellektuellen Attraktor.

George Steiner wählt eine andere Variante, indem er die Universität zu einem Kerncurriculum aus Mathematik, Musik, Architektur und Genetik verpflichtet. Der erstaunlichste und betörende Gedanke daran: Man studiert Universität, nicht von vornherein Fächer. Denn das Kerncurriculum ist das Studium, das alle an der steinerschen Universität durchgehen (nicht: durchlaufen; an einer Universität geht es nicht um Geschwindigkeit, sondern um Nachdenklichkeit). Es geht schlicht um moderne Bildung, um ein Studium fundmentale, das sich abhebt von den netten Versuchen in Deutschland, über ein allgemeines Vorlesungswesen allen Studenten ein bisschen andere Gedanken beizubringen. Im schlimmsten Fall eine Art universitäre Volkshochschule, ohne Verpflichtungscharakter (Ausnahmen gibt es in Witten/Herdecke, an der Zeppelin Universität, an der Leuphana in Lüneburg, in St. Gallen, in Erfurt etc. Der Gedanke ist lebendig).

Steiners Konzeption lehnt sich eher an die mittelalterlichen *artes liberales* an: das *septium*, bestehend aus dem *trivium* – Grammatik (= Latein), Dialektik (= Logik), Rhetorik (= Rede- und Briefkunst) –, das man mit dem *baccalaureus* beendet, und dem *quadrivium* –, Arithmetik, Geometrie, Astronomie (und Astrologie), Musiktheorie –, das man mit dem *magister artium* (*liberalium*) beendet. Erst danach studierte man ein Fach mit dem Abschluss der *dissertatio*. Nur dass Steiner andere Themen anvisiert: Musik und Mathematik bleiben, aber Architektur und Genetik sind natürlich modern.

Ich halte die Kombination selber für modern, weil sie fach-übergreifende Verknüpfungen leistet. Mathematik ist nicht nur Mathematik, sondern zugleich Logik und Ästhetik. Musik ist nicht nur Musik, sondern hat ihre Beziehungen zur Mathematik und Ästhetik. Architektur ist mehr als Architektur, sie ist die Verschränkung mit Soziologie, Ästhetik, Psychologie, Ökonomie und Politik. Und ein Thema, das sich strukturiert fragt, wie das moderne Leben gestaltet werden soll (ein ethisches Moment). Genetik ist mehr als Genetik, sie ist die Einführung in die Lebens- und Naturwissenschaften.

Steiner öffnet sein Kerncurriculum in zweierlei Hinsicht: einerseits dem Computer als dem neuen Vernetzungsmedium, und andererseits, soweit es geht, der historischen Perspektive. Man sieht leicht, dass es auf Konnotationen, Verschränkungen und Transdisziplinarität ankommt. Steiner geht davon aus, dass die Gymnasien das alles nicht bereiten, die Universität deshalb zur entscheidenden Bildungsinstanz wird. Man studiert Universität, bevor man ins Fachliche einschwenkt (so wie die Amerikaner erst ein Studium der *humanities* fordern, bevor man fachlich sich festlegt).

Man könnte auch an ein anderes Konzept denken: an eine Universitätsorganisation, die die bisherigen Fächer beläßt, aber, in Form einer Matrix, parallel zu modernen Injektionen verpflichtet. Das wären Themen wie Komplexität, Nichtlinearität, Systeme, Relationalität, Geschichtlichkeit, Kommunikation etc. Die Liste ließe sich auch anders stricken. Es käme darauf an, die avantgardistischen Konzeptionen verschiedener Wissenschaften für andere fruchtbar zu machen: den *cognitive turn*, den *linguistic turn*, den *iconic turn* etc. Aber auf jeden Fall ein Studium, das über das Studium, wie es heute fächerfokussiert angeboten wird, hinausweist.

Wer wagt solch ein Konzept? Oder ein anderes? Es kommt nicht darauf an, Steiner zu folgen. Obwohl seine Idee, auf den mittelalterlichen Kern modernisiert zurückzugreifen, charmant ist. Und ein europäisches Konzept gegen die zu frühe Verfachlichung und Bildungsferne der Universitäten, wie sie heute forciert werden.

Wer reformiert die Universität als Universität? Statt sie nur effizienter zu machen?

Alison Richard, Präsidentin der Universität Cambridge, weiß darum: »England war nicht Teil von Europa, sondern lebte sehr in seiner eigenen Welt. So haben wir das Recht zur Auswahl unserer Studenten nie aufgegeben und es immer vermieden, die Studenten von zu wenig Lehrern betreuen zu lassen. Auswahl und Wettbewerb waren klare Vorgaben. Wir haben (an der Universität Cambridge) einige der besten Köpfe zusammengeholt, ihnen genügend Ressourcen zur Verfügung gestellt und eine Menge Freiheit gewährt. Das hätten die kontinentalen Unis auch machen können. … Dem Druck, der heute auf Universitäten lastet, die Probleme der Gegenwart zu lösen, statt den Horizont abzusuchen, dem muss widerstanden werden. Wenn Cambridge nur auf Effizienz und gutes Management achten würde, ginge die Kreativität verloren.«[39]

Daraus lässt sich ein minimaler Kriterienkatalog für eine exzellente Universität erstellen:

- Auswahl der Studenten,
- eine große Zahl von Dozenten (exzellente Professoren-Studenten-Relation),
- eine Auswahl der Dozenten (die besten),
- sehr gute Ressourcen und Support,
- Freiheit (der Lehre, der Prüfungen, des Umganges mit der Zeit).

Was brauchte es mehr? Vor allem aber: Es geht nicht weniger!

AUSLANDSSTUDIUM?
JA, ABER BEI WEM?

It depends. Ich habe kein Problem damit, wenn Sie sich von vornherein für ein Auslandsstudium entscheiden. Leider, so die Erfahrungen, sind Sie damit auch für den deutschen Arbeitsmarkt verloren. Denn Sie bleiben mit ziemlicher Sicherheit im Ausland. Das muss Sie persönlich aber nicht berühren.

Wenn Sie hier studieren, sollten Sie ein Auslandssemester einplanen. Die Erfahrungen sind unschlagbar – allein die kulturelle und mentale Differenz. Die Pluspunkte für Ihre späteren Bewerbungen würde ich nicht so hoch bewerten, denn viele Studierende gehen ins Ausland. Allerdings, wenn es fehlt, könnte das nachteilig wirken. Doch letzthin studieren Sie im Ausland, weil Sie sich weiterbilden wollen. Immer nur das, was Sie weiterbringt, ist entscheidend!

Wo? Keine Ahnung. Das hängt sehr von Ihren Präferenzen ab. Über die sollten Sie sich im Klaren werden. Da Englisch eine Weltsprache geworden ist, lohnt es sich primär, in ein englischsprachiges Land zu gehen. Das ist trivial. Letztlich, um die Sprache flüssig zu beherrschen. Aber auch, um am Puls der Wissenschaft zu sein.

Überlegen Sie sich dreimal, ob Sie etwaige Angebote Ihrer Universität annehmen, die über Kooperationsabkommen zustande gekommen sind. Es geht hier nicht um Bequemlichkeit (*no delivery!*), sondern darum, was Sie wollen. Die Qualität der Universitäten, die Ihre Universität ausgesucht hat, ist extrem unterschiedlich. Also müssen Sie sich erst einmal um die Qualität kümmern. Und das geht nur, wenn Sie wissen, was Sie wollen. Einfach nur im Ausland studieren ist keine wirkliche Entscheidung, sondern nur Mitschwimmen im Trend.

Wie finden Sie heraus, was Sie wollen können? Eigentlich ganz einfach: Bei wem wollen Sie studieren? Lassen Sie die ganzen Programme weg, suchen Sie sich einen Professor, dessen Schriften Sie bereits schon so interessant fanden, dass Sie ihn unbedingt kennenlernen wollen. Schreiben Sie ihn an (oder mehrere). Zeigen Sie Ihre Begeisterung, und versuchen Sie, mit ihm einen Weg zu finden, bei ihm zu studieren. Sie werden sich wundern, wie leicht es ist, den Kontakt herzustellen. Wer Initiative übernimmt, hat allein schon dadurch Erfolgschancen. Wenn es genügend wechselseitiges Interesse gibt, wird sich etwas arrangieren lassen. Notfalls eine *summer school*.

Sie werden die Verwaltung nicht umgehen können (außer mit einem Touristenvisum, gleichsam als Bildungstourist. Wenn es Ihnen auf den Kontakt ankommt, reicht das manchmal schon). Schreiben Sie sich dann in das entsprechende Programm ein, aber nicht wegen des Programmes, sondern wegen des Professors, bei dem Sie studieren wollen. Das muss die Universität ja nicht wissen. Wichtig ist immer der Zugang zu den Bibliotheken; dafür zahlen Sie letztlich die Gebühren. Wenn Sie aber gänzlich auf diese Zugänge und auf Prüfungen verzichten und den Rest selber organisieren, können Sie auch so in Kontakt kommen. Sie müssen abwägen: Brauchen Sie die Credit Points für Ihr Studium hier? Oder werden die Ihnen sowieso nicht angerechnet, selbst dann nicht, wenn Sie sie ordentlich erworben hätten, weil das nicht ins deutsche BA-Programm passt? Vor allem deshalb nicht, weil Sie sich natürlich einen eigenwilligen Professor mit eigenwilligen Themen ausgesucht haben.

Klären Sie diese Dinge vorher mit dem Prüfungsamt und nicht allein mit den Sachbearbeitern, sondern verhandeln Sie mit dem Prüfungsausschussvorsitzenden oder dem, der dafür höchstamtlich zuständig ist. Machen Sie *deals*. Das ist immer möglich, weil Vorschriften natürlich interpretierbar sind. Und oft haben Sie es mit flexiblen Partnern zu tun, die Ihren Erfolg wollen, statt blind die Vorschriften gegen Sie durchzusetzen. Testen Sie es an.

Überhaupt: Sprachen. Nutzen Sie Sprachkurse Ihrer Universität (auch wenn die Qualitäten, wie immer, höchst different sind). Ich halte wenig von Zertifikaten; Sie müssen schlicht die Sprache können. Befreunden Sie sich mit Austauschstudenten an Ihrer Universität an: Sie lernen die Sprache und die bekommen eine Einführung in Ihre Kultur. Ein schöner Tausch. Englisch müssen Sie können. Alles andere entspricht Ihren Neigungen. Manche sind begabt dafür. Lernen Sie dann mehrere Sprachen. Glauben Sie aber bitte nicht, dass Sie dann begehrter auf dem späteren Arbeitsmarkt sind. Wenn Sie Finnisch können, schränkt das Ihre Auswahl eher ein (außer Sie wollen unbedingt in Finnland arbeiten).

Lernen Sie auch hier, wie generell an der Universität, generell. Es geht nicht um Ausbildung, sondern um Neigung + Kompetenz (= Bildung). Wenn Sie keine Neigung haben, lassen Sie es. Es gibt hier keine Normen, nur Optionen.

Wenn Sie ins Ausland studieren gehen, in die dortigen Programme, sind Sie durch das BA-Studium gut vorbereitet: Es ist dort meist sehr verschult. Deshalb rate ich, möglichst exzellente Universitäten anzusteuern, die breite Auswahlen und gute Betreuungen haben. So kommen Sie dort intensiver ins Gespräch als je wahrscheinlich hier. Warum sollen Sie irgendwo ins Ausland gehen, wenn es im Prinzip genauso ist wie hier? Deshalb meine gelinde Vorsicht gegenüber Kooperationsprogrammen, die Ihre Universitäten, weil das heute irgendwie jeder haben muss, anbieten. Oft ist es nur dasselbe, was Sie auch hier geboten bekommen: uninspirierend und konventionell.

Selegieren Sie individuell: Wenn Sie keine Professoren direkt und persönlich anvisieren, dann wenigstens Programme, die so unterschiedlich sind – in den Themen, in den Anforderungen, in der Ausrichtung –, dass Sie die Differenz voll auskosten können. Gönnen Sie sich einen *choque cultural*! Erweitern Sie Ihren Horizont richtig.

Und warum nicht ein Programm mit einer neuen Wissenschaft? Oder mit einer wissenschaftlichen Prägung, die es so bei uns (noch) nicht gibt? Warum nicht ein avantgardistisches Projekt als Auslandsstudium? Es ist Ihre Chance. Wahrscheinlich die einzige in Ihrem Leben. Greifen Sie beherzt zu.

Noch einmal: Es geht nicht darum, im Ausland zu studieren, weil alle im Ausland studieren, oder weil es sich bei der Bewerbung gut macht. Lassen Sie sich nichts einreden, was *en vogue* ist – wenn Sie es nicht wollen. Der Rat geht nicht dahin, im Ausland zu studieren, sondern dahin, die kulturelle und intellektuelle Differenz auszukosten. Das allein bildet Sie. Und wenn Sie dann noch geistig aufgeladen werden, umso besser. Probieren Sie eine andere Kultur. Sie sind doch nicht an Deutschland gebunden (ich habe aber auch nichts dagegen, wenn Sie sich in Altgriechisch oder Altindisch einarbeiten und so in andere Kulturen eindringen. *It depends.* Wir brauchen unbedingt intellektuelle Heterogenität).

INTERNATIONALISIERUNG.
JA, ABER AUCH AUF DEUTSCH.

Alle wollen die deutschen Hochschulen internationalisieren. Das ist eine schöne Idee, heißt aber, dass wir internationale Standards bei uns einführen. Was sind internationale Standards? Was deutsche Hochschulpolitiker glauben, was internationale Standards sind.

Der Glaube spielt mit der Illusion, dass es so etwas wie einen internationalen Standard gäbe, der uns, wenn wir uns ihm anpassen, mehr Reputation und Verbesserung gibt. Nun ist es wundersam, dass wir bei den Ingenieurwissenschaften einen Master einführen, den die USA nach dem – hervorragenden – Vorbild des deutschen Diplom-Ingenieurs bei sich erst umgestaltet hatten. Und es ist umso wundersamer, da in den USA (und in England) die deutschen BA- und MA-Abschlüsse individuell geprüft werden, ob und in welcher Form sie anschlussfähig sind, weil sie nicht automatisch dafür gehalten werden. Und die Engländer, nach deren Konzept wir unsere Bologna-Aufteilung eigentlich vollzogen haben, bauen schon wieder neue und anders gestrickte Programme. Italien, Spanien und Frankreich haben den BA erst gar nicht eingeführt.[40]

Wenn wir zudem sehen, dass der Umbau des Diploms auf BA/MA die Mobilität der deutschen Studenten nicht gefördert hat, die Zahl der Studienabbrecher nicht gesunken ist und die Qualität der Lehre besonders im BA leidet, werden wir skeptisch, welches Ziel die Reform überhaupt erreichen will und kann. Die bundesweiten Studentenproteste im Sommer 2009 waren ein gewichtiger Indikator für das zumindest vorläufige Scheitern.

Nun mag man es als ein Zeichen gelingender Internationalisierung ansehen, wenn – wie geschehen – die Zahl englischsprachiger Seminare zunimmt. Aber Englisch lernt man in englischsprachigen Ländern, wenn man dort studiert und arbeitet, immer noch besser. Vor allem sollte man auf Englisch denken lernen, die Idiomatik beherrschen und die Konnotationen, die kulturell mitlaufen. Ich meine, dass man im Ausland studieren sollte, notfalls den Master, oder im Ausland arbeiten. Aber nicht in Deutschland in Englisch studieren, wenn die Qualität nicht stimmt. Das Ergebnis davon ist: Man lernt weder in Englisch zu denken noch in Deutsch. Abgesehen von der minderen sprachlichen Qualität, die englischsprachige Seminare in Deutschland meist aufweisen, halte ich es für problematisch, Wissenschaft nicht mehr auf Deutsch zu lernen, da auch wir nach wie vor eine eigene, kulturell ausgeprägte Form des Denkens haben, die eng mit der Sprache verbunden ist.

So weit kann eine Internationalisierung nicht reichen, dass sie die eigene Sprachkultur mindert. Internationalisierung bedeutet nicht Homogenisierung, sondern die Entwicklung einer Kultur der Differenzen.

Internationalisierung heißt: intensive Sprachvorbereitungskurse für Ausländer und eine Atmosphäre, die sie kulturell einbindet. Und es heißt: ins Ausland gehen, in andere Kulturen. Vielleicht ist das eine der Chancen des Bologna-Prozesses: dass man den Master im Ausland studiert. Aber mit Bedacht: nicht allein der Sprache wegen, sondern wegen exzellenter Theorien und kluger Wissenschaft. Man muss auch dort das – breit verteilte – Mittelmaß meiden.

STIPENDIEN, FINANZIERUNG ETC.

Das wird nicht leicht. Deutschland hat keine hoch entwickelte Stipendienkultur. Allmählich wird es besser. Dieses Defizit hemmt auch die Entwicklung von (alternativen) Privatuniversitäten. Fangen wir aber anders an: Studieren kostet Geld – Gebühren und Lebensunterhalt. Wahrscheinlich müssen Ihre Eltern dafür aufkommen. Da man in Deutschland gewohnt ist, dass Bildung gratis als öffentliches Gut angeboten wird, gibt es keine Kultur des Sparens für die Bildungsinvestitionen der Kinder. Dass man ja für den Lebensunterhalt allein schon aufkommen muss, wird vorher kaum richtig berechnet. In anderen Ländern sparen die Eltern bis zu 100 000 Euro an, um eine solide Finanzierung zu gewährleisten (vornehmlich für Privatuniversitäten). Aber selbst auf öffentlichen Hochschulen braucht man für drei Jahre etwa 30 000 bis 40 000 Euro *in tutto* (die Studiengebühren, falls noch vorhanden, mit eingerechnet. Aber sie kommen wieder). Das ist schon knapp gerechnet, ohne Auslandsaufenthalt. Monatlich sind das rund 900 bis 1000 Euro (ohne Gebühren).

Viele Eltern können das nicht aufbringen. Jetzt kommt es auf Mischfinanzierungen an: BAföG, Stipendien, Jobs parallel zum

Studium, Auflösung angesparter kleinerer Vermögen etc. Kümmern Sie sich um ein Portfolio, das Ihnen nicht nur ein einigermaßen ruhiges Studium finanziert, sondern auch einrechnet, dass Sie länger studieren werden: entweder weil Sie mit Freude die Universität als Universität entdecken und zusätzlich Fächer studieren, oder weil Sie in Programme gehen, die auf acht Semester im BA erweitert werden. Wahrscheinlich müssen Sie dann Abstriche machen in Ihrem monatlichen Budget, oder mehr jobben. Je mehr Sie aber jobben, desto länger wird Ihr Studium, weil Sie bei den aktuellen Programmstrukturen wenig Zeit dafür haben. Also müssen Sie etwas ausfallen lassen und in späteren Semestern nachholen.

Und wenn Sie noch den Master anvisieren, kommen noch einmal ca. 25 000 Euro dazu. *In summa*: 50 000 bis 60 000 Euro (bei 1000 Euro pro Monat). Schauen Sie, ob Sie einen Kredit bekommen. Natürlich müssen Sie ihn später mit Zins und Zinseszins zurückzahlen, aber Sie haben später dafür das entsprechende Einkommen. Kümmern Sie sich! Ob bei der Sparkasse, bei der KfW oder bei Ihren Großeltern. Großeltern verlangen nichts zurück. Hier könnte Ihre Verwandtschaft zusammenlegen. Und noch einmal: Ihre Eltern. Reden Sie mit Ihnen, ob es nicht sinnvoller wäre, angesparte Gelder in Sie zu investieren als später einmal zu erben. (Später brauchen Sie kein Geld, weil Sie ja eine exzellente Bildung hatten, die Ihnen ein auskömmliches Einkommen bescheren wird. Was soll also das spätere Erbe? Jetzt brauchen Sie die Investition.)

Und, wie gesagt, mischen Sie Finanzierungen. BAföG ist erreichbar, um Stipendien muss man sich kümmern. Es gibt zunehmend Programme. Machen Sie sich auf die Suche. Meistens kann man davon sein Studium nicht ganz finanzieren; aber es geht ja um Anteile einer Mischfinanzierung. Privatuniversitäten verlangen noch zusätzlich Studiengebühren (ca. 25 000 bis 40 000 Euro für einen BA; entsprechend viel noch für einen MA). Auch das können Sie elternunabhängig finanzieren. Durch Studienkredite (KfW und viele Banken und Sparkassen). In Witten/Herdecke gibt es den »umgekehrten Generationenvertrag«: Die Absolventen finanzieren mit ihren Beiträgen die neuen Studenten, die wiederum später im Beruf zurückzahlen. Dieses Finanzierungsprojekt wird von Studenten selber verwaltet, die das Geld an die Universität weiterleiten (gegen Mitspracherechte in der Gesellschafterversammlung). Eine Meisterleistung! Andere Universitäten kopieren das Modell bereits.

Sie können dieses Modell auch auf Ihre Familie übertragen. Sie bekommen Erspartes jetzt ausgezahlt und vereinbaren familienvertraglich, dass Sie später Stück für Stück wieder zurückzahlen. Zu einem vernünftigen Zinssatz (vielleicht sogar etwas mehr, als der Geldmarkt momentan hergibt). Und vielleicht ohne Zinseszins. Später können sich Ihre Familien immer noch überlegen, ob sie das Geld von Ihnen tatsächlich zurückfordern. Aber Sie haben so lange noch eine gewisse Sicherheit. Vielleicht können Sie Ihre Familie so bewegen, jetzt mehr auszuzahlen.

Vereinbaren Sie die Rückzahlungen flexibel. Sei es, dass Sie länger als geplant studieren, sei es, dass Sie später als erwartet in den Beruf einsteigen. Lassen Sie sich durch solche Verträge nicht unter Druck setzen. Mir geht es nicht darum, Ihnen etwas Bestimmtes zu empfehlen, sondern Ihre Entscheidungsfähigkeit anzuregen. Zeigen Sie bereits hier Ihre Intelligenz. Schrecken Sie nicht vor den Beträgen zurück. Bildung kostet. Aber Sie verdienen danach auch entsprechend. Ich will Ihnen nicht die

Illusion mitgeben, dass Sie später immer sehr gut verdienen. In einer Wissensgesellschaft, in der alle mehr wissen müssen als vordem, ist Ihre Qualifikation aber wenigstens die Sicherung, im Gehalt nicht allzu stark abzufallen. Das, was Sie heute nicht investieren, wird Ihnen später weniger ausgezahlt. Und Sie müssen es unter widrigeren Umständen nachholen.

Natürlich wird es mehr und mehr das lebenslange Lernen geben. Allein schon deshalb, weil Sie viel Neues wissen werden müssen. Aber Sie müssen diese Zusatzqualifikation immer wieder parallel zum Beruf leisten (und selbst finanzieren). Nutzen Sie jetzt die große Chance, sich kompetent zu machen. Und vor allem nutzen Sie sie, um sich zu jemandem zu bilden, der ständiges Lernen künftig auch können wird. Wenn Sie die Universität im Schnellkurs durchlaufen, sich nicht auf sie einlassen, werden Sie später nur Aversionen gegen sie entwickeln. Lernen Sie die Universität als eine Lebensform kennen, in die Sie später auch immer wieder gerne zurückkommen wollen. Nur dann haben Sie Motive genug, auf Einkommen zu verzichten. Lebenslanges Lernen kann nicht als Pflicht gedacht werden (für die Karriere Opfer bringen), sondern als Motiv: sich geistig weiterentwickeln zu wollen.

Bildung kostet. Aber worin sonst investieren? Häuser, Autos, Finanzanlagen? Alles müdes Zeug gegenüber dem Einzigen, das sich wirklich lohnt: in Ihre Kompetenz, Lebensfreude, geistige Anregung, sprich in Ihre Bildung. So steht Ihnen die Welt offen. Arbeiten Sie an Ihrem Horizonten.

WENIGER URLAUB, MEHR BILDUNG.
ERBSCHAFTEN INVESTIEREN.

In Deutschland hat man sich angewöhnt, dass Bildung kostenlos ist. Das hat den Vorteil, dass Familien, anstatt in ihre Kinder zu investieren, sich größere Autos, größere Wohnungen, längere Urlaube, neue Wohnungsausstattungen etc. leisten können. Konsum geht vor Bildung. Deshalb, könnte man einfügen, ist die Lebensform des kinderlosen Ehepaares so beliebt oder sogar des Singles.

Die staatliche Freigebigkeit in Bildung und Ausbildung erlaubt den Bürgern relativ hohe Wohlstandsniveaus (vorausgesetzt, sie haben Einkommen). Dafür bleibt die Qualität der Bildung und Ausbildung unerörtert. Nur wer seinen Kindern explizit Qualität bieten will, kümmert sich um private Schulen und Hochschulen. Der Umkehrschluss lautet: Wer für die Ausbildung nicht zahlen will, mutet seinen Kindern die zufällige Qualität der Schulen und Hochschulen zu, die sie, ohne Bewertungskriterien, jeweils vorfinden.

Die Gebühren, die private Schulen und Hochschulen fordern, sind gleichsam Qualitätsindikatoren. Da sich diese Schulen und Hochschulen darum kümmern müssen, attraktiv zu sein, gibt es eine gewisse Gewährleistung für Qualität. Studiengebühren an staatlichen Hochschulen hingegen sind momentan nur Einnahmeerhöhungen, ohne notwendig die Qualität der Lehre zu steigern (als Ersatz für eigentlich notwendige Budgetsteigerungen. Nur wenige Universitäten behandeln das anders. Es lohnt sich, hierauf besonders zu achten).

Bildung ist eine Investition in das Humankapital der jungen Menschen, die sich später durch die relativ höheren Einkommen mehr als auszahlt. Wenn man nicht drauf achtet, wo man studiert (weil man auch gar nicht weiß, worauf man achten soll), erwirbt man nicht notwendig die Qualifikationen, die man für gute Karrieren braucht. Die Kopplung von Studium und Beruf bleibt dann zufällig. Studiengebühren der privaten Schulen und Hochschulen sind ein Indikator der Wertschätzung der Bildung. Dabei kommt es weniger darauf an, schnell und effizient durch das Studium zu rauschen, sondern vielmehr darauf, Charakter und Persönlichkeit mit dem Wissen zusammen zu bilden. Möglicherweise differenzieren sich die Qualitäten von Schulen und Hochschulen in einem erheblichen Maße, das uns nur deshalb verdeckt bleibt, weil wir überhaupt keine Kriterien anwenden. In dieser Unbedarftheit bleibt der Preis dann der einzige Indikator.

Bildung kostet Geld, aber Geld ist kein leitendes Kriterium für die Qualität von Schule und Hochschule: Es fehlt in Deutschland ein Raster der Kompetenzdifferenzierung. Private Schulen und Hochschulen sind vor allem deswegen hochwertiger, weil sie auf die Persönlichkeitsbildung achten und in kleinen Gruppen intensivste Auseinandersetzung bieten und Anforderungen stellen. Die Investitionen lohnen sich natürlich. Ein Argument dafür ist in der Diskussion bisher wenig prominent geworden –

dass es in einer Wissensgesellschaft weniger als je zuvor wichtig ist, den eigenen Kindern eine Erbschaft zu hinterlassen.

Erbschaften werden im Wesentlichen in Konsum übersetzt. Stattdessen wäre es viel klüger, anstatt einer Erbschaft den eigenen Kindern eine exzellente Bildung mitzugeben, das heißt, hier und vorher zu investieren. Statt den Kindern später, wenn sie selbst Einkommen beziehen, qua Erbschaft zusätzliches Konsumgeld zu übertragen, ist die Investition in Bildung ein Vermögen, das es den Kindern ermöglicht, unabhängig von jeglicher Erbschaft ein eigenes Einkommen zu sichern und eigenes Vermögen zu generieren. Investition in Bildung ist Investition in Einkommensfähigkeit der eigenen Kinder.

Später, um es ein wenig radikal zu formulieren, brauchen die Kinder die Erbschaft nicht wirklich. Die Investition in Bildung hingegen kann nicht hochwertig genug sein. Hier fehlt oft das Geld, das später – zu spät für eine Wissensgesellschaft – ausgezahlt wird. Statt Erbschaft Investition!

PRAKTIKA, PROJEKTE ETC.

Ich meine, dass junge Menschen zwischen Schulabschluss und Studienbeginn erst einmal arbeiten sollten. Von einer Schule (Gymnasium) auf eine andere Schule (BA-Studienprogramm) zu wechseln, ist zu billig. Eine gewisse Reife sollte erreicht sein, allein um sich im Klaren zu sein, was man will. Aber vor allem, um einmal in die Gesellschaft eingetaucht zu sein, in der man später einmal, etliche wenigstens, verantwortlich tätig sein wird.

An der Privatuniversität Witten/Herdecke musste man, um sich überhaupt bewerben zu können, entweder eine Lehre vorweisen oder ein Unternehmen betrieben haben, in einem Krankenhaus tätig gewesen sein oder Ähnliches. Solche Erfahrungen machen erwachsener. Ich schätze, Sie werden dann garantiert studieren wollen! Die Freiheiten, die das Studium – trotz allem! – lässt, und die Möglichkeit, darin komplexere Welten kennenzulernen, lassen sich eigentlich erst vor dem Hintergrund konkreter Erfahrungen in der Arbeitswelt wirklich ermessen. Genau für diese »Privilegien« sind Universitäten (im Prinzip) da.

Ich schätze das Arbeiten hoch ein (allein um zu merken, was es bedeutet, eigenes Geld zu verdienen, und was manche Arbeiten in der Wirtschaft wert sind: verdammt wenig). Nur wenige von Ihnen wollen wirklich Wissenschaftler werden. Also ist es von Vorteil, wenn Sie sich in dem Milieu, in dem Sie später landen, schon auskennen. Das Argument, damit Zeit zu verlieren, ist unüberlegt. Sie verlieren keine Zeit, wenn Sie als Student (oder vorher) arbeiten, sondern lernen die Welt kennen, in der Sie später verantwortliche Positionen einnehmen. Wie wollen Sie je diese Verantwortung übernehmen, wenn Sie die nicht kennen – und zwar praktisch –, für die Sie später verantwortlich sein sollen? Letztlich, das darf ich in aller Deutlichkeit sagen, zahlen »die« Ihnen Ihr Studium (über die Steuern). Zeigen Sie Ihre Dankbarkeit, indem Sie mitarbeiten. Und sie überhaupt kennenlernen. Das ist wenig genug.

Viele Studenten, die aus den unteren bis mittleren Einkommensschichten kommen, wollen möglichst schnell die Universität wieder verlassen und erliegen eher der Ideologie des schnellen Studierens. Sie kommen zwar eher an Ihr Zertifikat, und damit eher in den Beruf, aber Sie haben nicht viel mitbekommen, was Sie wirklich qualifiziert für höhere Positionen. Bleiben Sie nicht in Ihrer Aufsteigermentalität hängen; lernen Sie, die Universität als Universität zu genießen. Ändern Sie sich, nehmen Sie zumindest die Chance an.

Und vor allem: Pflegen Sie nicht Ihren latenten Antiintellektuellenkult. Werden Sie probeweise ein Intellektueller. Wenn schon heraus aus Ihrem Milieu, dann richtig. Ich sage das nicht aus Ressentiment, sondern aus der Erfahrung, dass viele von Ihnen Ihre Chancen leichtfertig verspielen. Das Studium besteht nicht darin, den anderen zu zeigen, was eine Harke ist, dass man es auch schaffen kann, sondern dient dazu, sich als die Person zu entwickeln, zu der Sie fähig sind, mit all Ihren Neigungen, Fehlern, Kompetenzen und neuen Prägungen. Und das bei einer gewissen Gelassenheit, sogar Nonchalance, Großzügigkeit und Toleranz.

Natürlich müssen manche von Ihnen arbeiten, um das Studium zu finanzieren. Das ist nicht einfach, aber möglich. Respekt! Das Bachelor-Programm macht es Ihnen nicht gerade leichter. Also kümmern Sie sich um Stipendien. Die Praktika, die Sie machen (müssen), dienen in aller Regel nicht dem Geldverdienen, sondern dazu, die Welt kennenzulernen, in der Sie später einmal eine Führungsposition einnehmen, und dazu, mögliche Arbeitsbereiche schon einmal anzusehen. Dabei ist es wichtiger, als irgendein Praktikum zu ergattern, sich gezielt auszusuchen, was Sie sich anschauen wollen. Man denkt zuerst daran, das, was man studiert, in Augenschein zu nehmen: Mediziner Krankenhäuser, Biologen Labore, Juristen Kanzleien, Betriebswirte Unternehmen, Ethnologen andere Völker, Politologen Ministerien etc. Das ist alles richtig. Aber am besten ist, Sie machen mehrere Praktika, in jeden Semesterferien eines.

Einige Studenten von mir haben die herrvorragende Website meinpraktikum.de eingerichtet, auf der Sie sich Praktikumsberichte etc. ansehen können. Ein Evaluationssystem (in das Sie, wenn Sie selber ein Praktikum gemacht haben, unbedingt Ihre Erfahrungen eintragen sollten. So erweitert sich der Evaluationshorizont). Dieses Projekt, das die Studierenden völlig unabhängig und selbständig entwickelt haben, ist ein gutes Beispiel für unternehmerische Initiative (und es gibt natürlich auch noch andere, die sehr erfolgreiche Start-ups gegründet haben).

Suchen Sie sich Tätigkeiten aus, die Sie in gänzlich andere Gefilde führen: als Mediziner in einem Wirtschaftsunternehmen (um auch Betriebsführung kennenzulernen), als Biologe im Krankenhaus, als Jurist bei einem *social entrepreneur*, um die soziale Dimension der Gesellschaft hautnah zu erleben, als Betriebswirt in einer kirchlichen Einrichtung, als Ethnologe in der Schwerindustrie, als Politologe in einer Verwaltung (um zu verstehen, was es heißt, Politik umzusetzen) etc. Sie verstehen das Prinzip.

Und gehen Sie auch ins Ausland: nach Ghana, um Zahnärzten im Busch zu helfen oder eine Gesundheitsversorgung aufzubauen, nach Peru, um Mikrofinanzsysteme zu entwickeln, oder um Greenpeace zu helfen, Wale zu schützen, oder, oder. Weiß der Teufel was – das ist Ihre Entscheidung, aber tun Sie es! Es zeigt nicht nur Ihre Sozialkompetenz, ein nicht zu unterschätzender Faktor für Ihre Bewerbungen, sondern vor allem, dass Sie sich mit Themen und Fragen auseinandergesetzt haben, die ungewöhnlich sind. Das erweist Sie als couragiert und innovativ. Letztlich aber haben Sie Dinge erlebt, die Sie vor allen anderen (zumindest vor vielen anderen) auszeichnen. Solche besonderen Erfahrungen werden Sie als Mensch verändern, reifer, erfahrener, urteilskräftiger machen, Ihren Horizont erweitern. Darauf kommt es entscheidend an. Auch darauf, dass Sie es für sich selber tun. Sie lernen die Welt oder Ihre eigene Gesellschaft nicht nur als Beobachter kennen, sondern werden darin tätig, greifen ein. Das zeichnet Sie aus.

Praktika bekommt man übrigens über Netzwerke, nicht über Stellenanzeigen. Jetzt lohnt es sich, viele Leute zu kennen. Die werden Sie vermitteln. Fragen Sie alle, die Sie kennen, auch die, die bereits arbeiten. Die kennen Chefs, die Sie fragen können.

Und gehen Sie direkt auf Organisationen, ihre Chefs zu: Unternehmen, Kirchen, Verbände, Ministerien, Krankenhäuser etc. Sagen Sie, was Sie wollen und warum Sie es wollen. Zeigen Sie

Ihre Haltung. Und Sie werden sich wundern, was Sie – bisweilen – erreichen können. Denn der, der etwas will, zeigt es mit seinem Auftreten, wird wahrgenommen als einer, der etwas will. Und das ist allemal besser, denn als Bittsteller auf Anzeigen zu reagieren, die von untergeordneten Angestellten abgearbeitet werden. Mit Leuten, die nichts wirklich zu entscheiden haben, brauchen Sie nicht wirklich zu kommunizieren. Sie brauchen ja unbedingt jemanden, der sich für Sie entscheidet. Und das auch darf.

Beeindrucken Sie die, von denen Sie etwas wollen. Aber nicht dadurch, dass Sie irgendwie zu beeindrucken versuchen (oder Tricks anwenden oder Tipps aus Seminaren wie »Wie beeindrucke ich?«), sondern indem Sie beeindruckend sind. Und das sind Sie als die Persönlichkeit, zu der Sie sich bilden wollen. Das muss man Ihnen ansehen und glauben. Dann gewinnen Sie. Aber nicht, weil Sie gewinnen wollen, sondern weil Sie als *potential* gesehen werden, der sich in positiver Entwicklung befindet. Und Sie können nur überzeugen, wenn Sie von sich selbst überzeugt und damit glaubwürdig sind.

Glauben Sie nicht der Story, dass das kürzere Bachelor-Studium keine Zeit mehr ließe, Praktika zu machen. Gerade die jüngeren Bachelors haben es im Berufsanfang schwer, wenn Sie keine Praktika aufweisen. Die Firmen wollen Sie nicht auch noch in ihren Organisationsalltag einarbeiten müssen. Das heißt: Verständlicherweise sind sie nicht bereit, das Dilemma der Bologna-Reform auszubaden, das da ist, dass berufspraktisch ausgebildet werden soll von Lehrkräften, die keine wirkliche Ahnung davon haben, bei gleichzeitig verkürzten Studienzeiten, die praktische Ausbildungsanteile wie Praktika schwieriger machen, weil sie entweder das Studium verlängern oder schwieriger, »stressiger« machen. Was offiziell Sinn des Bachelor-Studiums ist, wird *ad absurdum* geführt, weil, um ihm nachzukommen, den Universitäten Mittel und Möglichkeiten schlicht fehlen.

Kümmern Sie sich nicht darum: Machen Sie natürlich Praktika oder Jobs, verlängern Sie das Studium, und glauben Sie nicht, dass Sie mit dem, was man Sie lehrt, auf das Berufsleben vorbereitet werden können. Indem Sie die Zwänge einfach ignorieren, können Sie freier studieren, das studieren, was Ihnen interessant und bedeutsam vorkommt. Wie wollen Sie zu Beginn eines Studiums wissen können, welche Art Arbeit Sie später einmal wirklich reizt und interessiert? Das Studium ist eine eigene Form von Beruf; was später kommt, entwickeln Sie erst langsam in Ihren Überlegungen während der Studienzeit. Oder noch später.

DIE EIGENE FIRMA

Das ist nicht nur ein Thema für Betriebswirte. Informatiker, Mediziner, Ingenieure, aber auch Geisteswissenschaftler können während des Studiums Ideen haben, die sich als Geschäftsmodell umsetzen lassen. Es gibt genügend Gründerzentren und Start-up-Hilfen, die Sie dafür nutzen können. Wenn Sie als Nichtbetriebswirt eine solche Idee haben, tun Sie sich doch mit Studenten aus anderen Fakultäten zusammen, um das zu ergänzen, was Ihnen fehlt. Aber wagen Sie, Ihre Idee umzusetzen. Es ist unabhängig davon, ob es klappt, eine wunderbare Erfahrung in *social and economic life*, im Grunde eine selbst inszenierte Form des Praktikums. Und wenn Sie gute Ideen haben, werden die auch finanziert (*private equity, business angels* etc.). Die Start-up-Kultur entfaltet sich gerade in Deutschland.

Warum rate ich das? Weil kein Student normalerweise daran denkt, dass er selbständig werden könnte. Alle orientieren sich daran, später irgendwie als Angestellter in irgendwelche Firmen, Organisationen, Universitäten etc. zu gehen. Warum eigentlich diese verengte Perspektive?

Eigene Firmen (die man parallel zum Studium gründet) sind ein Indikator dafür, dass Sie im Studium Ideen gewonnen haben, die umzusetzen eigentlich ein Erfolgsausweis für das Studium ist. Wenn es gut läuft, brauchen Sie auch nicht mehr zu Ende zu studieren. Sie haben Ihren Beruf gerade gefunden. Und wenn es nicht klappt (und es klappt oft nicht), steigen Sie wieder ein.

Sie sehen: Das ist eine andere Haltung zum Studium. Im Aufbau Ihrer Firma, in den Netzkontakten, in den Gesprächen mit erfolgreichen anderen etc. lernen Sie ungemein viel, das Ihre Überlegungen zur Berufswahl abkürzen kann. Später können Sie immer wieder ins Studium einsteigen. Jede Fakultät sollte diese Mutigen unterstützen (was natürlich, von Ausnahmen abgesehen, nicht der Fall ist). Jedes erfolgreiche Unternehmen, das aus dem Studium heraus gegründet wird, ist eine Legitimation der Gesellschaft gegenüber.

Ich will Ihnen hier keine Ratschläge geben, weil andere das in diesem Metier erheblich besser können (und die finden Sie auch, wenn Sie suchen. Wie gesagt: Die Start-up-Kultur entwickelt sich in Deutschland gerade). Ich möchte Sie nur ermutigen, das, was Sie als Idee gewinnen, auch umzusetzen. Und wenn es nicht klappen sollte, haben Sie einen Erfahrungsreichtum, der Ihnen das Weiterstudieren unter völlig neuen Perspektiven wieder eröffnet.

Mit einer Firma – einem Ingenieurding, einer Website, einer Beratung, einem Medizinbusiness, einem Informatikprojekt, einer klassischen Firma (warum nicht Spezialkabel in Mexiko vertreiben? Oder intelligente Einfachzahnmedizin in Gabun? Oder Donuts-Frischbäckereien im Ruhrgebiet? Oder Grammatik-Dienste für hochwertiges Deutsch? …) – bewegen Sie sich im Anwendungsbereich Ihrer Wissenschaft. Das muss Sie nicht abhalten, weiterhin theoretisch interessiert zu sein. Sie bekommen aber eine Ahnung, was es heißt, wissenschaftsbasiert etwas umzusetzen. Sie lernen Ihre »Wissenschaft« von einer anderen Seite kennen: integriert in Markt und Gesellschaft. So können Sie sie im Seminar gar nicht erfahren. Nutzen Sie diese große Chance. Sie werden reifer und realistischer. Und Sie bekommen einen anderen Blick auf Ihre Wissenschaft auch dadurch, dass Sie alles, was für Ihr Firmenprojekt relevant ist, mit Eifer – außerhalb von Vorlesungen und Seminaren – sich aneignen.

Und noch etwas. Eine eigene Firma bedeutet: Führung, Verantwortung, Planung. Für alle – für BWL-Studenten vielleicht besonders different – sind das praktische Erfahrungen, die kein Text im Seminar ersetzen kann. Egal, was Sie später machen wollen, ob Sie die Firma weiterentwickeln oder doch etwas ganz anderes machen: Es wird Ihnen als Erfahrung hoch angerechnet. Sie lernen Führung, Auseinandersetzungen, Konflikte beherrschen; oft muss man sich von Freunden trennen, mit denen man begann. Das sind Leidenserfahrungen, die so früh und intensiv wenige Ihrer Kommilitonen machen. Und bei Erfolg lernen Sie, durchzuhalten – eine in unserer fluiden Gesellschaft wenig beachtete Tugend.

Lassen Sie sich von niemandem ausreden, das zu versuchen. Natürlich kann man mit einer eigenen Firma nicht auch noch »effizient« studieren. Sie studieren aber damit eine Seite der Welt, die die anderen nicht kennen. Sie haben einen »Reichtum«, den andere nicht einmal ahnen. Sie sind, wenn Sie das wagen, eine Avantgarde, die sich anders ins Leben begibt als die mehr behüteten, risikoaversen Kommilitonen (die erst einmal auf Nummer sicher gehen wollen, alles lernen wollen, bevor Sie einen Schritt in die Berufswelt gehen).

KONFERENZEN

Konferenzen sind wissenschaftliche (und politische) Themensortierungen, die nicht automatisch mit dem kongruieren, was die Universitäten Ihnen bieten. Sie erfahren dort mehr und anderes, manchmal das Neueste aus den Wissenschaften, was Ihre Professoren Ihnen vorenthalten, weil sie meinen, »die Grundlagen« wären erst einmal gut genug für Sie.

Sie kosten etwas – die Reise, die Unterkunft, oft auch Gebühren. Als Student können Sie um Ermäßigung bitten. Auf einer Konferenz lernen Sie Neues kennen, vor allem auch interessante Wissenschaftler, mit denen Sie ins Gespräch kommen können. Natürlich interessieren sich die Kollegen für junge Leute, die sich interessieren. Manchmal trifft man jemanden, bei dem man weiterstudieren will – ein Grund mehr, die Universität zu wechseln. Oder man bleibt per Mail in Kontakt: Sie haben dann einen Partner, der Sie aus der Ferne unterstützt (wenn Sie die Kommunikation nicht überfrachten).

Sie betreten ein neues Land, machen auf einer Konferenz Entdeckungen (und erleben Abschreckungen). Sie sind der *explorer*. In den Pausen können Sie mit jedem reden: selbstbewusst Fragen stellen, Anregungen aufnehmen. Den Kollegen gebietet es Respekt, dass Sie sich als Student für die Dinge interessieren, die die Konferenzen behandeln. Natürlich sind Sie eine kleine Avantgarde (auch wenn Sie sich gar nicht so fühlen); viele Ihrer Kommilitonen kämen nie auf die Idee, das zu machen. Sie denken, dass das Studium nur Studium ist, und eigentlich mit Wissenschaft kaum etwas zu tun hat (eine Art von verlängerter Schule). Aber Sie studieren ja anders, unter einem anderen Leitstern. Sie wollen Horizonterweiterungen. Holen Sie sie sich ab.

Sie werden auf Konferenzen kaum vortragen können (dazu müssten Sie schon etwas Exzellentes geschrieben haben, und ein Professor müsste Sie vermitteln). Doch Sie sind nicht wegen der möglichen Performance auf der Konferenz, sondern in kluger – oder nur stiller – Beobachtung der Themen (und der Verhaltensweisen des seltsamen Völkchens, das sich dort trifft). Sie lernen die Temperatur Ihrer Wissenschaft kennen (was Sie durch die Lehre kaum mitbekommen). Und die verschiedenen Temperamente und Stile. Und die Heterogenität Ihrer Wissenschaften.

Sie müssen dafür nicht Wissenschaftler werden. Aber es ist sinnreich, das, was Sie sonst nur lernen, in Aktion zu erleben. Und wenn Sie dort andere Studenten treffen, haben Sie Gesinnungsgenossen. Und neue Netzwerke. Das ist nicht der schlechteste Ertrag.

STUDIENABBRUCH?

Etliche Studenten brechen ihr Studium mittendrin ab. Manche haben Jobs, die sie so interessant und aussichtsreich finden, dass sie sich gleich fest anstellen lassen. Oder sie haben eine eigene Firma gegründet, die so erfolgreich ist, dass sie nicht mehr weiter BWL oder Medizin oder Ingenieur studieren wollen.

Etliche aber schaffen es einfach nicht. Sie bekommen Depressionen, können nicht lernen, sind extrem prüfungsängstlich. Natürlich gibt es therapeutische Hilfen. Aber wenn man dauerhaft solche Zustände erfährt, ist es richtig, zu fragen, ob man das Studium weiter durchhalten will. Man ist nicht im Studium angekommen, hat es nicht als eigene Welt erobert.

Dann ist es richtig, abzubrechen. Vielleicht war man gar nicht studierfähig oder -willig, hat es nur gemacht, weil die Eltern es wollten, oder man meint, nur durch ein Studium anerkannt zu werden. Nun geht es aber nicht weiter. Viele davon stellen fest, dass sie doch lieber arbeiten wollen, in einem handwerklichen Beruf oder als Angestellte. Nicht jeder ist selbständig oder dafür disponiert. Universitäten können sich nicht um solche Dispositionen kümmern. Sie haben dafür keine Organe und sie auch nicht im Blick (mitunter nur ein paar aufmerksame Kollegen).

Es ist weder beschämend noch sozial fatal, das Studium zu beenden. Nur das gelingt, was gelingt. Alles andere ist mühsames Ankämpfen gegen etwas, das dadurch nicht besser wird. Man sollte sich in den ersten beiden Semestern darüber klar werden, ob die Universität wirklich das Richtige ist. Eine Lehre, eine Berufsausbildung kann einen ebenso stolz machen wie ein Studium. Wir befinden uns gerade in dem seltsamen Trend, dass alle Abiturienten studieren wollen, statt sich aufrichtig zu fragen, was wirklich zu ihnen passt. Wenn einer praktische Kompetenzen hat, warum soll er sie nicht selbstbewusst entfalten?

Ich kenne viele traurige Gestalten in der Universität, die sich im Stress durchschleppen, ohne die Freuden des geistigen Lebens auch nur zu ahnen, in dem sie sich eigentlich bewegen. Sie wären in anderen Positionen der Gesellschaft viel besser aufgehoben (ich habe zweimal Studenten bewegen können, das Studium positiv abzubrechen, und sie ermutigt, einen Beruf zu lernen. Das ist natürlich verdammt wenig, fast nur symbolisch. Universitäten sollten hier sehr viel aufmerksamer sein und gut beraten).

Sie merken im Studium selber, wie weit es Sie fasziniert – oder nicht. Wagen Sie, zu wechseln. Es ist Ihr (einziges) Leben. Sie werden nur besser, wenn Sie das tun, was Sie wirklich können, wozu Sie wirklich disponiert sind. Und Sie sind in guter Gesellschaft; in manchen Studiengängen gibt es Abbrecherquoten von bis zu 30 Prozent (durchschnittlich sind es 25 Prozent, http://de.wikipedia.org/wiki/Studienabbruch). Das ist weniger ein »Versagen« als eine Entscheidung. Respekt!

ABSCHLUSSARBEITEN.
DAS DESSERT DES STUDIUMS.

Am Ende des Studiums schreibt man eine Abschlussarbeit. Diplomarbeit oder eine BA- oder MA-Thesis. Während des Studiums haben Sie bereits einige Hausarbeiten geschrieben, im Umfang von zehn bis 25 Seiten. Sie haben also Übung. Die Abschlussarbeit ist allerdings länger und umfasst zwischen 30 und 80 Seiten. Ich halte solche langen Arbeiten für unglücklich. Mein Ratschlag wäre: 25 Seiten, weil das das Format ist, in dem wissenschaftliche Aufsätze geschrieben werden. Wenn schon Praxisorientierung gefordert wird, dann hier. Es wäre klug, nur solche Formate zu wählen, die man später im Arbeitsleben auch braucht. Für die Wissenschaft also 25 Seiten, die meisten anderen Themen eine bis drei Seiten. Mehr wird in Unternehmen zum Beispiel nicht gelesen (Juristen bilden hier die große Ausnahme).

Wie? Eine bis drei Seiten? Die klassische Form ist das Protokoll. Wenn Sie in der Lage sind, Inhalte ganzer Seminare auf einer Seite zusammenzufassen, sind Sie hochtrainiert für alles Schriftliche (außer Büchern). Die meisten Aufsätze und Bücher haben Kernsätze (beziehungsweise Absätze). Die zu finden und zu notieren ist die große Kunst. Alle anderen Formen sind frei, aber es kommt wesentlich darauf an, kurz und bündig zu formulieren. Hausarbeiten müssen mit zwölf bis 15 Seiten auskommen können. Es kommt nicht darauf an, noch einmal zu erzählen, was in den Texten steht, sondern mit den Ideen, Konzepten, Theorien dort eigenständig Ihr Thema zu bearbeiten. Klären Sie das sicherheitshalber aber mit Ihren Dozenten ab; manche beharren auf der Nacherzählung (sie haben es selber nie besser gekonnt).

Alles, was darüber hinausgeht, muss so gut sein, dass es sich selber rechtfertigt (also voller neuer Einsichten, Zusammenhänge und Ideen). Meistens aber ist Vielschreiberei nur das (unfreiwillige) Eingeständnis, mit dem Thema nicht zurechtzukommen. Wie Kleist im Brief an seine Mutter schrieb: »Ich habe keine Zeit, kurz zu schreiben.« Man schreibt drauflos und meint, viel sei gut. Das ist bestenfalls undiszipliniert. Ich weiß von Fakultäten, in denen es üblich sein soll, 60- bis 120-seitige Diplomarbeiten zu liefern. Ich habe auch schon Dissertationen gesehen (und Habilitationen), die 600, gar 1000 Seiten umfassten (500 Text; 500 Anhang). Da ist man ratlos.

Natürlich sprechen Sie die Arbeit mit dem, der sie begutachtet, ab. Aber lassen Sie sich kein Thema aufdrängen, es sei denn, es gefällt Ihnen. Schlagen Sie eigene Themen vor. Zwei Besprechungen müssen reichen. Seien Sie so höflich, den Gutachter, so er zu Ihrem Thema etwas geschrieben hat, zu zitieren. Seien Sie erst einmal sparsam mit eigenen Gedanken. Wissenschaftlich schreiben heißt vornehmlich, zu zeigen, dass man den Stand der Literatur kennt, bevor man seine eigene Variante hinzufügt. Ich gehe schlicht davon aus, dass Sie im Studium noch keine eigenen Theorien entwerfen (wenn Sie das können: Hut ab!).

Verfahren Sie vielleicht so: Suchen Sie sich drei bis vier der neuesten Artikel hochwohllöblicher Autoren Ihres Gebietes, stellen Sie deren Theorem, Konzepte etc. dar, vergleichen Sie und stellen Sie die Unterschiede heraus, daraus destillieren Sie Defizite, die Sie beheben. Erst jetzt kommt Ihre eigene Synthesis. Sie können nicht falschliegen, weil Sie ja mit dem neuesten Stand der Wissenschaft arbeiten – und ihn sogar ein wenig toppen!

Den älteren Stand der Wissenschaft finden Sie in den Literaturverzeichnissen Ihrer ausgewählten Autoren: Das ist der wunderschöne Service, den die Kollegen bieten. Bauen Sie ein paar ein. Wenn Ihr Gutachter eigene Wissenschaftssteckenpferde reitet, bauen Sie sie mit ein. Mithilfe der neuesten Artikel können Sie sie auch kritisieren; Sie sind ja auf der sicheren Seite der Forschungsavantgarde. Dagegen soll ein Dozent erst einmal etwas sagen.

Ich halte diese Methode für extrem hilfreich. Erweitern können Sie sie, wenn Sie die drei bis vier Theorien auf ihre Begriffssysteme untersuchen und vergleichen. Meistens sind es fünf bis sieben Begriffe, die in einem Relationennetz stehen. Sie klären für sich selbst die Unterschiede besser.

Riskant finde ich, das, was der Dozent liebt, nachzubeten. Sie schleimen sich dann zwar ein, aber für sich selbst haben Sie nichts geleistet. Und Sie können nicht einmal sichergehen, ob der Dozent das wirklich liebt. Am Ende interpretieren Sie ihn noch falsch.

Über Textdiebstahl brauchen wir nicht zu reden. Sie wollen ja wissen, was Sie können. Sie wollen sich ja selbst beweisen, dass Sie exzellent sind. Wenn Sie nur klauen, kriegen Sie nur Ihre Note. Sonst aber gar nichts, außer dem faden Gefühl, nicht zu wissen, wo Sie eigentlich stehen. Sie zeigen nur, dass Sie die

Universität als Universität gar nicht wirklich interessiert. Im Idealfall sollten Sie im Studium eine Qualität des Schreibens (auf der Basis des Nachdenkens) erreichen, die so gut ist, dass Sie Ihre Diplomarbeit oder abschließende Thesis als Buch veröffentlichen könnten. Zumindest aber sollte die Abschlussarbeit für Sie keine Qual sein, sondern das Dessert, das Sie sich zum Ende hin gönnen. Genießen Sie es, zum Schluss einen längeren Gedankengang zu entwickeln.

PROMOVIEREN?
JA, ABER NUR, WENN MAN ETWAS
ZU SAGEN HAT.

Ich kannte einen Kommilitonen, dessen Diplomarbeit war so gut, dass er sie zu einer Doktorarbeit ausbauen durfte. Und ich kannte einen anderen, dessen Hausarbeit im Seminar so gut war, dass er ein – inzwischen erfolgreiches – Lehrbuch daraus machte (zu einem neuen Thema). Seine Arbeit war so ergiebig, dass er noch eine Diplomarbeit sowie eine Doktorarbeit daraus schneidern konnte (indem er neue Theorien aufstellte). Das heißt, manche entwickeln im Studium bereits solche Kompetenzen, dass sie damit direkt in die Wissenschaft gelangen.

Viele, die durch die Universität ihren intellektuellen Impetus bekommen haben, überlegen sich natürlich, zu promovieren. Sie wollen sich zeigen. Zudem ehrt einen der Doktortitel (immer noch). Für nicht wenige ist das bereits der ausreichende Grund, den Titel zu erwerben. Er dient ihnen als Karrierevehikel. In einem gewissen Sinne funktioniert das auch in Deutschland. Da wir keine Unterscheidungskriterien haben, welche Universitäten gut und welche schlecht sind (wie in den USA), kann man an den Abschlüssen nichts erkennen. Folglich hat sich ein anderer Filter entwickelt. Die Promotion. Über die Hälfte der DAX-Vorstände sind promoviert (2007). Das ist weltweit einzigartig. Und gilt für alle Fächer.

Ein Professor in Hamburg hatte hier eine einfache und klare Regel: Wer bei ihm als Assistent seine Arbeit machte (Vorlesungen, Kolloquien, Gutachten, Forschungsprojekte, Rasenmähen etc.) und ihm versprach, später in die Wirtschaft zu gehen, bekam seine Drei (*cum laude*) garantiert. Er musste die Doktorarbeit natürlich auch noch schreiben. Alle aber, die in die Wissenschaft gehen wollten, mussten tatsächlich exzellent schreiben und bekamen, wenn sie wirklich exzellent waren, ihre Eins (*summa* oder *magna cum laude*). Allerdings mussten sie auch, wie die anderen, für den Herrn arbeiten.

Früher war das üblich. Ein alter Professor erzählte mir, dass er bei einem berühmten Professor als Assistent die Ehefrau beim Einkaufen begleiten, den Herrn Professor mit dem Auto vom Bahnhof abholen, Schularbeitsaufsicht bei den Kindern machen musste etc. Auf die Nachfrage, ob das denn richtig sei (es war die 68er-Zeit), bekam er die Antwort: »Später können Sie es dann ja genauso machen.« Er hat sich dann einen anderen Doktorvater gesucht. Heute sind solche Merkwürdigkeiten eher nicht mehr üblich (obwohl es solche paternalistischen Lehrstühle noch gibt).

Frauen haben inzwischen große Chancen in den Universitäten. Nicht nur, weil das politisch und gesellschaftlich gewollt wird, sondern weil sie intelligenter sind als viele Männer. Jetzt kommen die Schübe intelligenter Abiturientinnen an die Universitäten und werden den Laden zum Teil übernehmen. Sie machen durchschnittlich das bessere Abitur. Und da wir aus demografischen Gründen demnächst Nachwuchssorgen haben werden, kommen die Frauen in Positionen, die ihnen traditionell eher verwehrt waren. Goldene Zeiten für Mädels! Promoviert!

Die Promotion ist Ihr erstes Buch. Der Trend – zumindest in den Natur- und Technikwissenschaften – geht international allerdings zum Aufsatz in renommierten und referierten Zeitschriften. Manche Universitäten wagen es bereits, ihre Promotionsordnungen umzuschreiben. Die Dissertation bestünde dann aus etwa fünf thematisch passenden Aufsätzen, die entweder schon veröffentlicht sind oder im Referentenprozess. Ich begrüße diese Entwicklung: Sie führt Sie schneller in die Wissenschaftsgemeinde ein. Normalerweise arbeiten Sie drei Jahre (allein) an Ihrem Buch, unbemerkt von anderen, vornehmlich mit Assistenzaufgaben für Ihren Professor belästigt.

Ich halte, nebenbei, nichts vom Modell des Assistenten. Sie sollten lieber frei an ihrer Wissenschaft arbeiten können, statt Hilfstätigkeiten für den Professor übernehmen zu müssen. Das können studentische Hilfskräfte besser (und billiger). Natürlich sollen Sie in die Lehre (wo lernt man sie sonst?), ansonsten aber eher in einem Pool mit anderen Promovenden Ihre Forschungen betreiben. Und Sie sollten nicht zu eng an einen Professor gebunden sein. Ich habe während meiner Promotion bei zwei Professoren gearbeitet: bei dem einen als Assistent, bei dem anderen habe ich promoviert. Das war eine geniale Arbeitsteilung. Keiner wollte dem anderen hereinreden, und ich war relativ unabhängig.

Assistenten sollten, wie in den USA, *assistent professors*, das heißt selbständig sein. Sie sollen sich früh zeigen, wissenschaftlich brillieren, vor allem Konferenzen besuchen, Netzwerke aufbauen, diskutieren, Anregungen bekommen etc. Die deutsche

Form ist für den internationalen Wettbewerb grottenschlecht. Man verdient zu wenig, muss Arbeiten vollbringen, die mit der Forschung wenig zu tun haben, und hat kaum ein Budget, um die vielen Reisen zu unternehmen, die nötig sind, um sich international zu platzieren. Suchen Sie sich bloß optimale Bedingungen. Oft eignen sich Forschungsprojekte besser oder Stipendien (wenn sie nur großzügiger bemessen wären). Ich weiß nicht, warum wir unseren wissenschaftlichen Nachwuchs so wenig pflegen und fördern. Er ist unser intellektuelles Kapital. Suchen Sie sich Plätze, auf denen Sie die größtmögliche wissenschaftliche und Forschungsfreiheit haben.

Renommierte Kollegen sind natürlich nützlich. Sie haben selber Netzwerke, in die Sie hineingereicht werden können. Vor allem aber: Schreiben Sie *Ihre* Dissertation, nicht die des Professors. Keine Auftragsarbeit. Sie sind kein wissenschaftlicher Lohndiener, sondern wollen Ihre Theorien, Ihre Ideen entwickeln. Wer das nicht akzeptiert, ist nicht Ihr Partner. Sie sollen ja Ihre wissenschaftliche Entwicklung gehen, nicht irgendwelche vorgestanzten Wege.

Der Test ist einfach: Wenn ein Professor will, dass Sie über ein von ihm gesetztes Thema schreiben, verlassen Sie sofort den Raum. Hier will Sie einer disziplinieren oder für seine Forschungen ausbeuten (außer Sie finden seine Forschungen so exzellent, dass Sie auf seinen Pfaden weitergehen wollen. Der Konflikt kommt dann später, wenn Sie tatsächlich weiter gehen als er). Promovieren kann man nur in einem freien, kollegialen Verhältnis. Natürlich ist man noch auf der intellektuellen Suche, aber die Bedingungen müssen unterstützend und inspirierend sein. Der Doktorvater ist nicht Ihr Vater, Sie sind nicht sein Sohn oder seine Tochter. Sie müssen sich *peer to peer* begegnen, denn häufig sind Sie, durch Ihre Beschäftigung mit dem Thema, bald weiter als Ihr Mentor.

Nehmen Sie sich Zeit. Ihre Dissertation ist Ihr Kind. Es braucht Zeit, um sich zu entwickeln. Oft merken Sie beim Arbeiten, dass Sie auf das falsche Thema gesetzt haben. Macht nichts. Nehmen Sie ein anders. Sie gewinnen wieder neue Energien. Arbeiten Sie ständig. Sie kommen oft sowieso nicht weiter. Die Unterbrechungen (bis zu Depressionen) ergeben sich von selbst. Nehmen Sie sie wie einen Schnupfen. Sie gehen vorüber. Sie haben ja eine Idee.

Ich halte es für ein Glück, sein erstes eigenes Buch schreiben zu können. Sie sind auf dem (vorläufigen) Zenit Ihres Denkens angekommen und haben die Chance, es zu entfalten, anderen darzulegen. Dass außer den Gutachtern die Dissertation später kaum jemand lesen wird, darf Sie nicht rühren. Allerdings: Schreiben Sie die Arbeit gleich unter dem Anspruch, sie als Buch in einem Verlag zu veröffentlichen. Das kostet Sie zwar ein wenig (Verlage verlangen für Dissertationen zwischen 1000 und 6000 Euro), aber die Chancen auf Leser erhöhen sich. Und sorgen Sie für Rezensionen (in Absprache mit dem Verlag).

Es ist schwierig, mit dem ersten Buch gleich reüssieren zu können. Aber schreiben Sie von vornherein so, dass es gelingen könnte. Sie wollen sich ja einen Namen machen. Falls es gelingt, erhöhen sich Ihre Chancen später, in die Wissenschaft zu kommen.

Allerdings muss ich eine Einschränkung machen: Ihre Theorie, Ihre Arbeit muss wirklich neu und anregend sein. Und von der Wissenschaftsgemeinde rezipiert werden. Das gelingt umso eher, je besser die Netzwerke sind, die Sie auf Kongressen, in Korrespondenz mit Kollegen etc. schon geknüpft haben. Nehmen Sie Kontakt auf mit den Besten Ihres Faches. Wenn Sie gut sind, wird das schon bemerkt, allerdings müssen Sie auch mit heftigster Ablehnung rechnen. Das ist in der Wissenschaft so wie im richtigen Leben. Die Promotion ist der offizielle Abschluss an der Universität. Sie gehen jetzt entweder in die Wissenschaft oder endlich arbeiten. Ihre Eltern sind stolz auf Sie (die Promotion ist die Prämie auf ihre Investitionen in Ihre Bildung). Wenn Sie spüren, dass Sie das wiederholen wollen, sind Sie reif für die Wissenschaft (das ist allerdings nicht das einzige Kriterium).

Schreiben Sie nicht zu viele Seiten. Ein Buch, hat mir ein Verleger gesagt, braucht mindestens 120 Seiten. Das wäre eine gute Norm, gehen Sie nicht über 200 bis 250 Seiten hinaus. Ansonsten zeigen Sie, dass Sie nicht in der Lage sind, sich zu fokussieren. Das fällt negativ auf. Arbeiten von 500 Seiten und mehr halte ich für pathologisch (außer bei Historikern).

Und: Lassen Sie lektorieren. Sprachlich sind Sie vielleicht nicht ganz perfekt. Ich finde übrigens, dass Professoren das beste Deutsch schreiben und als wissenschaftliches Vorbild auch sprachlich vorbildlich sein sollten. Avantgarde sein. Gleiches gilt – zumindest der Tendenz nach – für die Promotion. Es würde den Genuss bei der Lektüre Ihres Werkes ungemein erhöhen. Das heißt im Übrigen auch, dass eine deutsche Dissertation auf Deutsch verfasst sein sollte. Wie sonst sollte die Qualität der Wissenschaftssprache gehalten werden?

Die Formen der Promotionen werden sich ändern beziehungsweise erweitern. Zunehmend werden Gruppenarbeiten geliefert (wie bereits bei Artikeln häufig). Und es werden transdisziplinäre Arbeiten entstehen. Viele Themen sind nicht mehr disziplinär fassbar (außer man insistiert auf dogmatischen Fassungen). Ich halte das für legitim, weil man die individuellen Anteile durchaus separieren kann, im Kontext des Gesamtwerkes. Und dann auch begutachten. Die Integration in die Gruppe wäre dann ein zusätzlicher Begutachtungsaspekt. Und die gelungene Transdisziplinarität.

In der Forschung der Wirtschaft, in der Medizin, in den Naturwissenschaften, bei den Beratern arbeiten längst transdisziplinäre Forschergruppen. In den anderen Wissenschaften ist man noch nicht so weit. Hier ist ein ungeheures Nachholpotenzial (zum Beispiel zwischen Ökonomie und Wirtschaftssoziologie, zwischen Theologie und Ökonomie, zwischen Kunst und Psychologie wie Soziologie, zwischen Biologie und Ökonomie, zwischen Mathematik und Ästhetik etc.). Wagen Sie sich mit Ihrer Dissertation in diese Sphären. Sie können Welten gewinnen. Zumindest neue Terrains. Und Aufmerksamkeit. Sie brauchen allerdings einen Partner in Ihrem Fachgebiet (Ihren Doktorvater beziehungsweise Mentor sowie dessen Netzwerk).

Ich dränge auf Originalität; die ist in den Wissenschaften aber zunehmend weniger üblich. Viele Dissertationen werden auf Karriere gebürstet, das heißt in einem engen Themengebiet – wenig wagend, Varianten abklopfend, kaum inspirierend – angelegt. Meist wird dann erwartet, dass Sie Ihr Fach kennen, das heißt viele Theorien anderer darlegen, um sich an ein paar Varianten selber neu zu versuchen. Wahrscheinlich ist das ein Trend, den man nicht ausschlagen kann, wenn man in der Wissenschaft reüssieren will (auch früher war das nicht vollkommen anders). Nur verdirbt es den eigenen Geist. Es sind Disziplinierungen, die Sie auf die Grammatik des eigenen Faches einschwören, um Sie genau davor zu bewahren, von vornherein eigenständig aufzutreten.

Hierzu kann ich nicht wirklich raten, will ich doch Ihre Karrieren nicht beschädigen. Aber stolz kann man nur auf den eigenen Ansatz sein, die ganz neue oder andere Theorie. Falls man sie hat. Ein junger Kollege hat mir dazu gesagt, er schreibe natürlich das, was die Profession allgemein verlange. Aber nebenher schreibe er ein ganz anderes Buch, das er aber erst dann veröffentlichen werde, wenn er einmal etabliert sei. Nun ja. Traurig und realistisch zugleich.

Ich habe so viele junge Wissenschaftler erlebt, die ihren eigenen Verstand abgegebenen und sich in die Reihe gestellt haben. Sind Sie einmal im Rad, verflüchtigt sich Ihr autonomer Impetus. Das sind die Kosten des Geistes in der modernen Wissenschaft. Mit graut davor, aber die Leute kommen voran. Nur wofür letztlich?

UND SONST?

Außerhalb des Studiums, im »richtigen« Leben, kommen in diesem neuen Lebensabschnitt die üblichen Dinge auf Sie zu, die Sie aber wahrscheinlich zum ersten Mal in Ihrem Leben selber organisieren müssen: Krankenversicherung, Wohnungsanmeldung (und die Frage, ob Erst- oder Zweitwohnsitz; manchmal entscheidet sich das an der Frage der Höhe der Kfz-Gebühren), Anmeldung bei der Universität sowieso, Studentenausweis (gibt Ihnen überall Rabatt), U-Bahn- oder Busfahrausweise (verbilligt), eventuell neues Konto etc.

Machen Sie sich eine Checkliste und fragen Sie, zum Beispiel für die Krankenversicherung Ihre bisherige Krankenkasse. Das bekommen Sie schon hin. Universitäten dienen ja nicht dazu, dass Sie Ihre praktische Intelligenz verlieren sollen. Freunde helfen Ihnen gerne. Sie lernen ja ständig neue Leute kennen.

Sie leben wahrscheinlich zum ersten Mal in Ihrem Leben alleine. Dass es unnötig ist, gänzlich für sich zu leben, hatten wir schon geklärt. Eine Wohngemeinschaft ist aus pragmatischen, aber auch aus Gründen des Lebensgefühls empfehlenswert. Leben Sie alleine für sich, fühlen Sie sich womöglich oft ausgeschlossen und »retten« sich dann mit Besuchen bei Ihrer Familie. Das wäre fatal; es würde Ihr neues Lifestyle-Konzept zurückwerfen. Wohnen Sie auch nicht bei Verwandten, nur weil es so günstig ist. Organisieren Sie Ihre Unabhängigkeit (auch um den familiären Normenkontrollsystemen zu entkommen). Sie lernen neue mentale Modelle und neue Lebensmodelle kennen, aber nur, wenn Sie sie leben. Die Universität ist eine neue Lebensepoche, die Sie verändern wird. Öffnen Sie sich dieser Chance. Ankern Sie im neuen Meer. Verlassen Sie die vertrauten Bahnen. Nur so werden Sie sich auf sie einlassen können – ohne Behinderung und Rückfallversicherung.

Manche Studenten fühlen sich einsam und heiraten schnell. Manchmal erscheint mir das als Versuch, die Familie, die man verlassen hat, auf seine Art zu kopieren. Natürlich ist es Ihre Angelegenheit. Aber familiäre Bindungen in dem großen Chancenraum Universität einzugehen, scheint mir eine Art von Versicherung gegen zu viele Möglichkeiten zu sein. Fragen Sie sich ernsthaft, ob Sie das bereits gleich wollen. Bedenken Sie, dass Sie nach dem Studium arbeiten gehen werden, und dass Ihr Partner nicht immer in derselben Stadt eine ähnliche hochwertige Arbeit finden wird. Sie werden sich eher wieder trennen. Die Erfahrungen sprechen dafür. Und warum zum Beispiel sollte Ihre Frau mit Ihnen gehen, wenn sie ihre Kompetenz nicht einsetzen kann. Wofür hat sie denn studiert? Oder würden Sie als Mann für die Karriere Ihrer Frau Verzicht leisten?

Schwieriger wird es, wenn Sie dann gemeinsam bereits ein Kind haben. Natürlich kann man auch mit Kind studieren. Aber Sie sind weniger frei, machen eher nur das Notwendige. Sie tauschen die Möglichkeiten der Universität gegen eine engere Interpretation. Haben Sie sich bereits denn selber so entwickelt, dass Sie schon ein Kind haben wollen? Das Sie ans Haus bindet,

Sie der Universität entzieht. Es sei denn, Sie geben das Kind anderen, die es betreuen. Aber: Trauen Sie sich das wirklich? Ich darf hier so offen sein: Kinder von Studierenden sind für mich ein Anzeichen, dass man dem Studieren nicht mehr die höchste Priorität gibt. Warum – das müssten Sie sich dann fragen.

NOCH EINMAL:
WAS STUDIEREN?

Keine Sorge. Den Rat, erst einmal ein Studium anzufangen, um dann herauszufinden, was Sie wirklich interessiert, kann ich Ihnen heute nicht mehr geben, da Sie dummerweise genötigt werden, sich für ein Fach einzuschreiben. Für die Sorgloseren unter Ihnen kann ich immerhin raten: Fangen Sie erst einmal mit dem an, von dem Sie glauben, es studieren zu wollen. Später können Sie dann ja wechseln. Nachdem Sie die Universität als Universität ausprobiert und überall einmal hineingehört haben. Studieren Sie Universität, kein Fach. Erst zum Schluss konzentrieren Sie sich auf ein Fach, indem Sie den Abschluss machen.

Oder nehmen Sie Fächer, die von vornherein etwas universalistischer ausgelegt sind. Und studieren Sie noch ein bis zwei Fächer parallel (es muss ja nicht mit einem Abschluss enden, nur interessehalber).

Sonst bleibt Ihnen nur, nachzudenken. Was hatte Sie mit 16 oder 17 unbedingt interessiert? Was wollen Sie klären, kennenlernen, untersuchen? Nehmen Sie doch einfach das, was Sie immer schon wollten. Und lassen Sie sich nicht durch Ratschläge anderer irritieren. Vor allem nicht, wenn die Ratschläge meinen,

Sie sollten bereits jetzt an den späteren Beruf denken. Selbst wenn Ihr Vater eine Firma hat und er sich wünscht, dass Sie sie übernehmen sollen, weswegen Sie jetzt Betriebswirtschaft/Jura/Ingenieurwesen studieren sollen, überlegen Sie ausschließlich, was Sie interessiert, und wenn es Ballett, Atomphysik oder Philosophie ist. Weiß der Teufel, ob der Beruf, den Sie jetzt anvisieren sollen, überhaupt noch existieren wird! Oder die Firma Ihres Vaters. Studieren Sie Universität! Gehen Sie, wenn Sie unbedingt einen Beruf haben wollen, in eine Berufsausbildung, aber nicht an eine Universität.

Man kann Ihnen keine Ratschläge geben, was Sie studieren sollen. Das müssen Sie herausbekommen! Auf das achten, was Sie selbst bereits ins Auge gefasst haben, ohne sich vielleicht darüber im Klaren zu sein. Was macht Sie neugierig? Wo fühlen Sie sich intellektuell angeregt? Was begeistert Sie?

Wenn Sie sich unbedingt helfen lassen wollen: Gehen Sie eher zu einem Psychologen, der Ihre Kompetenz herausfinden hilft, als zu einem Berufsberater (der seine Kataloge abarbeitet). Ich halte die sogenannte Praxisorientierung, die das BA-Studium heute leisten soll, für absolut missweisend. Keine Universität kann und soll das. Praxis ist das, was Sie später einmal interessieren wird. Viele Unternehmensberater stellen heute Geisteswissenschaftler ein, weil sie deren Kompetenzen auf das Höchste schätzen gelernt haben (neben Naturwissenschaftlern). Und weil zu viele Betriebswirte den Brei verderben (*déformation professionnelle*). Sie sehen, hier wird schon transdisziplinär gearbeitet. Bilden Sie sich bereits in dieser Richtung. Das ist die Zukunft.

Trauen Sie sich in ungewöhnliche Kombinationen: Betriebswirtschaft und Biologie, Philosophie und Medizin, Physik und

Musik, Neuroscience und Literatur, Agrarwissenschaft und Kosmologie etc. Das sind nur wenige Beispiele vieler möglicher Kombinationen, die beruflich von Bedeutung sind. Aber nicht präformiert, sondern eher innovativ. Sie geraten in Spannungsbögen, die Ihnen neue Ideen bescheren, ungewöhnliche Analogien, sodass Sie beide Gebiete besser bespielen können.

Parallel. Oder hintereinander. Ich kenne etliche Studenten, die zwei Fächer parallel studieren. Sie sind meistens die Beweglicheren und Aufgeschlosseneren.

Studieren Sie, wenn es geht, gleich so, dass sich später viele für Sie interessieren. Studieren Sie kein Fach (natürlich müssen Sie eines bis drei nehmen, um Abschlüsse zu generieren), sondern bilden Sie sich selbst zu einer Persönlichkeit heraus, die jeder interessant findet. Das wird Ihr Kapital: Sie selbst.

Die skurrilsten Bildungskarrieren sind oft interessanter als die Einheitsausbildung ganzer Kohorten. Worin unterscheiden Sie sich? Was interessiert Sie, bildet Sie. Und das wird an Ihnen sichtbar, macht Sie authentisch. Allein dass Sie das durchgesetzt haben, was Sie wollten, zeigt Sie als durchsetzungsfähig.

Natürlich gelingt das nicht sofort und nicht allen. Aber die Haltung, die Sie entwickeln, ist bereits die halbe Bildung. Und die Kompetenz, Ihre Haltung entwickelt und durchgesetzt zu haben, macht Sie auf eine Weise glaubwürdig, wie Sie es sich zu Beginn fast gar nicht vorstellen mögen. Es ist ein unternehmerischer Esprit, der Sie auszeichnet.

Fragen Sie sich, welches Leben Sie anstreben wollen. Das ist eher selten klar, wenn Sie das Abitur machen. Wenn es Ihnen beim Abitur klar sein sollte, seien Sie eher skeptisch und legen Sie eine Prüfrunde ein. Das Studium ist als Prüfrunde höchst geeignet. Was Richard Rorty, der amerikanische Philosoph, für

»literarisch orientierte Intellektuelle« für angemessen hält, dass »man sich fragt, welches Leben man anstreben sollte«,[41] ist, etwas genereller, der Sinn der Universität.

Das wird uns deutlicher, wenn wir lesen, dass Lesen »die Idee der Erweiterung des Ich durch Bekanntschaft mit immer mehr Möglichkeiten des Menschseins« bedeutet. »Je mehr Bücher man liest und je mehr Möglichkeiten des Menschseins man in Betracht zieht, desto menschlicher wird man selbst.«[42] Es geht nicht darum, um des Lesens willen zu lesen, sondern »dass man eine oder mehrere Alternativen zu den von den meisten Menschen einfach vorausgesetzten Zwecken erblickt und zwischen diesen Alternativen eine Wahl trifft und sich damit in einem gewissen Sinne selbst schafft. Wie Harold Bloom schreibt, liegt der Sinn der Lektüre einer Vielzahl von Büchern darin, dass man eine Vorstellung von vielen Alternativzwecken bekommt, was seinerseits den Sinn hat, dass man auf diese Weise ein autonomes Ich ausbilden kann.«[43]

Vielleicht studieren Sie ja Literatur?

NACH DEM STUDIUM:
DIE MÜHEN DER EBENEN.

Wer studiert, glaubt in Deutschland, ein sicheres höheres Einkommen zu erhalten. Man nennt es eine Bildungsrente: Dafür, dass man Zeit und Geld ins Studium investiert hat, erwartet man einen *return on investment*, das heißt höhere Auszahlungen später. Was längere Zeit galt, und in gewissem Umfang immer noch gilt, ändert sich aber:

»Dass einige Abiturienten sich womöglich durchaus vernünftig verhalten, wenn sie das Studium verweigern, liest kaum ein Experte aus den Zahlen. Auch der Bildungsökonom Ludger Wößmann vom Münchner Ifo-Institut lehnt es strikt ab, von einer ›Qualifikationsschwemme‹ zu sprechen. Wer will schon etwas gegen ›Bildung‹ sagen? Nur wenige Ökonomen nehmen eine andere Sichtweise ein. Professor Ekkehart Schlicht von der Ludwig-Maximilians-Universität München ist einer von ihnen. In einem Forschungspapier untersucht er, wieso Hochqualifizierte vergleichsweise immer besser verdienen, aber auch immer mehr von ihnen offenbar überqualifiziert für ihre Arbeit sind. Nach der klassischen Lehre ist das ein Widerspruch: Ein zu großes Qualifikationsangebot müsste die Akademikergehälter theoretisch sinken lassen. In der Praxis, argumentiert Schlicht, mache die Lohnspreizung aber ein Studium für sehr viele attraktiv. Doch längst nicht alle erzielten später tatsächlich die hohen ›Bildungsrenten‹. So wird das Qualifikationsangebot noch größer, ein Teufelskreis.

›Angesichts massiv expandierender Bildungssysteme hat sich das Qualifikationsprofil der Arbeitskräfte während der letzten Jahre deutlich verbessert.‹ Dies führe zu einem Verdrängungsprozess von oben nach unten – woraus folge, dass die Arbeitslosigkeit unter Besserqualifizierten konjunkturell und langfristig nur sehr gering schwanke. ›Hochschulabsolventen haben jedoch zunehmend nicht ausbildungsadäquate Tätigkeiten akzeptiert und dabei Nichthochschulabsolventen aus diesen Bereichen verdrängt.‹ Brachliegende Qualifikationen seien individuell und volkswirtschaftlich jedoch eine Fehlinvestition.

Empirisch ist Über- oder Fehlqualifizierung kaum messbar. Was bleibt, sind die subjektiven Einschätzungen der Arbeitnehmer selbst. Die Forscher des Hochschul-Informationssystems (HIS) aus Hannover befragen regelmäßig mehrere tausend Berufstätige aller Fachrichtungen danach, ob ein Studium für ihre Tätigkeit erforderlich gewesen ist und ob sie sich ihrer Qualifikation gemäß adäquat beschäftigt sehen. An der letzten Umfrage im vergangenen Jahr nahmen rund 5400 Angestellte teil. Die Unterschiede zwischen den Fachgruppen sind sehr deutlich: Zählt man diejenigen, die sich ›inadäquat‹ oder ›nur vertikal adäquat‹ – also ›fachlich nicht adäquat, jedoch von der Hierarchieebene her passend‹ – beschäftigt sehen, zusammen, so sehen sich 53 Prozent der Magisterabsolventen als fehlqualifiziert, gefolgt von 45 Prozent der Pädagogen und 43 Prozent der Agrar- und Ernährungswissenschaftler. Insgesamt schätzen sich

30 Prozent der Universitätsabsolventen als fehl- oder überqualifiziert ein, unter den Fachhochschulabsolventen sind es sogar 33 Prozent.«[44]

Grossarth spricht, an anderer Stelle, von einer Bildungsinflation,[45] die einerseits nicht universitäre Ausbildungen verdrängt, dafür aber Akademiker auf Sachbearbeiterposten landen lässt. Zudem konkurrieren die Akademiker stärker untereinander.

Dieses – einzige längere – Zitat soll dafür sensibilisieren, dass studiert zu haben noch keine Garantie für bessere Einkommen ist. Vier Konsequenzen sind zu vermelden:

1. Man sollte sich tatsächlich überlegen, ob man studieren soll – jedenfalls dann, wenn es um die späteren Einkommen geht. Wer nichts weiter als später mehr Geld verdienen will, braucht der wirklich ein Studium, in dem es ja vornehmlich um ganz andere Dinge geht?

2. Umgekehrt sollte man sich daran gewöhnen, dass man vom Studium nicht erwarten darf, immer und auf jeden Fall höhere Einkommen zu generieren. Es wird eher darum gehen, eine Qualifikation zu besitzen, die die Einkommen hält, statt sie sinken zu lassen.

3. Man sollte so studieren, dass man im Unterschied zu allen anderen Studierenden, die ja potenzielle Konkurrenten auf dem Arbeitsmarkt sind, Kombinationen und andere Fächer zusätzlich aufweist, die kein anderer so leicht hat. Es geht um ein ungewöhnliches, interessantes und vielleicht sogar überraschendes Profil. Studieren Sie nichts, was andere haufenweise studieren.

4. Und zuletzt: Überlegen Sie sich, ob Sie später nicht ein eigenes Unternehmen gründen – gleich, aus welchem Studienfach Sie kommen. Die betriebswirtschaftlichen und Managementkenntnisse können Sie immer noch nachholen (eventuell durch einen MBA). Das hätte den Vorteil, dass Sie sich unabhängig vom Arbeitsmarkt machen.

Das höchste Gut der Bildung ist Autonomie: Unabhängig im Geiste und kompetent, sich die Arbeit auszusuchen, für die man leben will. Ich möchte schließen mit dem Apple-Gründer Steve Jobs, einem vernünftigen Mann, der in einer Rede, die er vor Studenten gehalten hat, fünf Ratschläge von bewundernswerter Gründigkeit gegeben hat:

1. Gebt euch nicht zufrieden. Ihr spürt, wenn ihr das Richtige findet.

2. Habt den Mut, eurem Herzen zu folgen.

3. Bleibt hungrig und bleibt unvernünftig.

4. Ihr müsst lieben, was ihr tut.

5. Lebt jeden Tag, als sei er der letzte. Lebt nicht das Leben der anderen.

Das muss ich nicht kommentieren; das ganze Buch war bereits der Kommentar.

ANHANG

I. CHECKLISTE:
WELCHE UNIVERSITÄT SOLL ICH NEHMEN?

Voraussetzung: Sie besuchen die Universitäten, aus denen Sie eine auswählen wollen.

1. Gefällt Ihnen das Gebäude?

2. Gefällt Ihnen die Stadt?

3. Gefällt Ihnen die Atmosphäre in der Universität?

4. Was erzählen Ihnen die Studenten?

5. Wie freundlich werden Sie in der Immatrikulationsstelle behandelt? Wie kompetent?

6. Versuchen Sie, mit Professoren und Assistenten ins Gespräch zu kommen. Können Sie einfach an die entsprechenden Zimmertüren klopfen und um ein kurzes Gespräch bitten? Wenn ja, werden Sie freundlich empfangen oder sofort abgewiesen?

7. Wie ist das Essen in der Mensa?

8. Wie ist die Bibliothek? Kann man dort ruhig arbeiten?

9. Sprechen Sie mit der Studentenvertretung.

10. Schauen Sie sich die Toiletten an.

11. Schauen Sie sich die Prüfungsordnung an. Wie frei ist Ihre Studiengestaltung? Reden Sie auch mit Studenten darüber.

12. Fragen Sie, wie groß die Seminare durchschnittlich sind und ob überhaupt welche angeboten werden. Fragen Sie nach der Diskussionskultur.

13. Schauen Sie sich die Seminarpläne an. Werden nur Lehrbücher verwendet oder andere Texte, vor allem Originalliteratur?

14. Fragen Sie, ob Sie die Prüfungsform selber auswählen können oder ob sie von den Dozenten vorgegeben wird.

15. Schauen Sie sich das Verhältnis von Pflicht-, Wahlpflicht- und Wahlkursen an. Zu viele Pflichtkurse zeugen von zwangsneurotischer Organisation.

16. Gehen Sie in Seminare (fragen Sie den Dozenten vorher, ob Sie teilnehmen dürfen) – *the very proof of the educational culture.*

17. Googeln Sie, welche Professoren in der Forschung bedeutsam sind und ob sie Themen bearbeiten, die Sie interessieren könnten.

18. Versuchen Sie festzustellen, wie viele Promovenden die Lehrstühle haben. Eine große Anzahl ist nicht nur ein Hin-

weis auf gute Forschung, sondern auch auf viele potenzielle Gesprächspartner. In diesem Zusammenhang wichtig
ist auch die Frage nach laufenden Forschungsprojekten.

19. Schauen Sie sich die Lehrevaluationen an: Gibt es häufig
schlechte Urteile? Oder sind die Ergebnisse womöglich
gar nicht zugänglich (sehr schlechtes Zeichen)?

20. Schauen Sie sich die Zensurendurchschnitte an (bei den
ausgehängten Prüfungsergebnissen). Zu harte Durch-
schnittsbeurteilungen versauen Ihnen die Noten später
(*downgrading* Ihres Zertifikates).

21. Schauen Sie, welche und wie viele Veranstaltungen auf
Englisch laufen und ob *native speakers* dominieren.

22. Fragen Sie nach der Abbrecherquote.

23. Fragen Sie nach dem Geschlechterverhältnis (bei zu vielen Männern ist eher Vorsicht geraten).

24. Fragen Sie nach der Quote ausländischer Studenten.

25. Probieren Sie die Qualität der Kaffeeautomaten.

26. Wie viele Arbeitsräume stehen Studenten zur Verfügung?
Schauen Sie sich die Räumlichkeiten an.

27. Fragen Sie nach der Zahl der NGOs an den Fakultäten.

28. Schauen Sie sich das Angebot studentischer Arbeitsgruppen an – viele, und mit breitem Interessenspektrum, sind ein gutes Zeichen.

29. Fragen Sie nach einer Alumni-Organisation, und lassen Sie sich dort das Mitgliederverzeichnis geben. Sind viele gute Leute dabei? Gibt es eine Kontaktebene für Studenten?

II. UNIVERSITIES ON MARKETS.
13 THESEN.

Die Universitäten ändern sich. Deswegen wird all das, was ich vorgeschlagen habe, umso nötiger und zwingender sein. Der Trend geht in eine Richtung, die das, was ich bei der Bologna-Reform bereits befürchte, verstärken wird. Nutzen Sie Ihre Chancen jetzt!

1. **In einer Wissensgesellschaft wird Wissen zur zentralen knappen Ressource**, das heißt zu einem Kernbereich der gesamten New Economy. Der Begriff New Economy meint nicht das, was um 2000 herum scheiterte. Sondern die neue Dimension der Bildung als Marktprozess. Aber die Universitäten werden nicht mehr die einzigen *agencies* der Herstellung und Allokation dieses knappen Gutes sein. Sie bekommen Konkurrenz in den Unternehmen – in den Bereichen Forschung und Entwicklung wie in den *corporate universities*.

2. **Die Organisationsform von Universitäten** – im Kern aus dem Mittelalter stammend, an den Rändern aus den 1970er-Jahren – **wird sich auflösen.** Bildungsunternehmen werden neue Marktangebote erstellen: Nach Gesichtspunkten einer *economy of scale* werden a) die besten *teaching resources* in *virtual universities* zusammengeführt, um b) weltweit die gleichen Curricula anzubieten, in scharfer Konkurrenz zu allen anderen Bildungsformen. Dieser

Prozess läuft bereits als Globalisierung der Bildung. Nicht mehr der Standort einer Universität ist entscheidend, sondern ihre Allianzen, Mergers, ihr internationales Netzwerk. Die *leading partners* definieren die Marke (genauer: die Dachmarke), der Rest gibt Wissen und Kompetenz in die virtuelle Universität.

3. Zwei Varianten sind denkbar: I) die Variante **education + entertainment** (E&E). In diesem Fall werden Konzerne wie vielleicht Disney, Bertelsmann, Warner, vor allem aber Google, Amazon, Facebook etc. in den Bildungsmarkt einsteigen. Über Portale werden *excellent teachers* Videoseminare präsentieren, mit begleitendem aufbereitetem *content*, vor allem mit gut designten *entertainment sequences*. Tutoren werden das Studium begleiten, über Chats etc., zum Teil auch durch *real meetings*. II) Im Kontrast zu E&E wird eine Variante **education + knowledge tool** (E&K) entwickelt werden. Das gesamte Wissen eines Faches wird als *knowledge tools* aufbereitet. Videos können parallel laufen; jederzeit unterbrechbar durch einen Link in die komplementäre Stelle des *knowledge tools*. Kognitive Teile des Studiums werden über *distant learning*, Trainingsteile über *real meetings* vermittelt (ca. 70 zu 30). Die Meetings können überall stattfinden; relevant ist allein die Qualität des Platzes. III) Es werden sich Mischformen, *hybrids* herausbilden. Der Stil einer virtuellen Universität wird sich durch unterschiedliche Mischungen von *distant/ real learning* definieren, und durch differente Ansätze zur Transversalität des Wissens (*e-education, e-learning*).

4. Natürlich bleiben die bisherigen Universitäten bestehen, aber an den Rändern bedrängt durch Bildungsunternehmen, die sich die *high-level education* herausnehmen, um sie für alle, die ihre **Ausbildung als *investment in personal human capital*** steuern wollen, als Bildungsgut anzubieten. Die Vorteile dieser Bildungsproduktvariante sind: a) individuelle Zuschneidung (*taylor-made*), b) individuelles Zeitdesign, c) Parallelität von *study and work* (was wiederum die Finanzierung der Bildungsprodukte sichert), d) Modularisierung (auch in Richtung *lifelong learning*: »*Take that part of education, you really actually need*«), e) kurze Lernzyklen und f) Qualitätssicherung der Marke des Bildungsproduktes.

5. **Bildung wird lebenszyklusangepasst und kundenorientierter.** Sie wird nicht mehr als Lebensausbildung (im Sinne einer Fundamentalinvestition) verstanden, sondern als Teilzeitgeschäft, das man sich aneignet, wenn man es situativ braucht (*tuned education*).

6. ***High-level education* wird von Ausbildung/Training auf *filtering* umgestellt.** Exzellente Bildungseinrichtungen garantieren eine Standardqualität, die sie wesentlich durch die *Auswahl* derer, die sie aufnehmen, erreichen. Unternehmen und Gesellschaft »kaufen« nicht mehr bestimmte Ausbildungsgänge und Endqualifikationen, sondern sie »kaufen« die Marke. Wer in Harvard aufgenommen wurde, hat bereits seinen Zugang zu den *high-level jobs*. Nach dem gleichen Prinzip funktionieren die französischen Elite-Universitäten, auch die japanischen. Da dasselbe Selektions-

kriterium auch für die Dozenten gilt, wird hier die Ausbildungsqualität gesichert. Man nimmt die Absolventen nicht wegen der – trotzdem exzellenten – Ausbildung, sondern wegen der Tatsache, dass sie von den Institutionen ausgewählt wurden, bei ihnen zu studieren. **Die *new universities* verkaufen *selections*, nicht *trainings*.** Natürlich müssen die Studenten, die sie aufgenommen haben, die Kurse bestehen; aber wesentlich ist die Qualität der Bewertung der Aufnahme. Das Studium ist nur ein Test auf die *preselection*, nicht die Herausbildung von Kompetenzen, die nicht sowieso schon potenziell da waren. *New universities* arbeiten für die Gesellschaft als Potenzialselektoren und Kompetenzfilter.

7. Die Standards, die diese Institutionen für die *preselection* setzen, sind entscheidender als ihr Ausbildungsprogramm. Weil das so ist, wird das *distant learning* nicht als Qualitätseinbuße der Ausbildung verstanden, sondern als Chance, die Studienzeiten zu kürzen, weil es nicht mehr auf die Qualität und Intensität des Studiums ankommt, sondern auf die Selektion von Potenzialen im Hinblick auf lebenslange Ausbildungsinvestitionen. Weil sich die curriculare Struktur angleichen wird im Wettbewerb, sie ähnliche Inhalte, *tools* und Kompetenzaufladungen vornimmt – **das *training* wird ähnlicher** –, wird die Differenzierung des Markenwettbewerbs über die Qualität des *filtering* laufen. Für die selektive Qualität wird gezahlt: an Studiengebühren (die in Marktpreise hinüberdiffundieren werden) wie an hohen Einstiegsgehältern.

8. Es wird eine Trennung von *preselection/selection*, *training* und wissenschaftlicher Ausbildung geben – das werden **drei verschiedene Märkte**. Alle Leistungen sind kombinierbar, aber jeweils nur nach Bedarf, nicht »grundständig«. Den drei Ebenen entsprechen drei differenzierbare Institutionen/Organisationen: a) Universitäten werden Markenhersteller, wesentlich durch ihre Selektionsfunktion, weniger durch ihr *training*. b) *Training* wird stärker von den Unternehmen/der Gesellschaft übernommen – *on the job* und durch *corporate universities*. Die Firmen, Organisationen etc. werden sich nicht mehr schlicht darauf verlassen, dass die jungen Leute »ausgebildet« sind für das, was sie im Berufsalltag erwartet. Die alten Universitäten werden in diesen Markt durch modularisierte Angebote einsteigen: nicht mit ihrem bisherigen Personal, sondern über *distant learning*, in harter Konkurrenz zu den *corporate universities* der Unternehmen und in Konkurrenz zu der Beraterszene. c) Wissenschaftliche Ausbildung wird an gesonderten Zentren geschehen – Akademien und Forschungszentren, die nicht mehr notwendig mit der Lehre verknüpft und stärker als bisher privatwirtschaftlich finanziert werden wegen der zum Teil hohen Investitionen. Faktisch kann das in Deutschland darauf hinauslaufen, dass die Grundausbildung (Bachelor) von den – politisch sowieso favorisierten – Fachhochschulen übernommen wird. Und die Universitäten werden sich auf die »wissenschaftliche« Ausbildung konzentrieren: Master-Kurse und Promotionsstudien. Das heißt nicht, dass die Fachhochschulen alles übernehmen, sondern – in Verlängerung dessen, was jetzt bereits im Bachelor-Studium an den Universitäten

sich herausbildet – die Universitäten werden in der unteren Ebene zu *schools*, die wie Fachhochschulen ausbilden. *Mergers* sind möglich und politisch bald erwünscht. Die Universitäten teilen sich in Grundstufen und *advanced educations*.

9. *Learning/training* und *science/research* werden institutionell getrennt und, in den beiden eigenen Dimensionen, stärker professionalisiert werden. **Der Semidilettantismus des Professorentums, lehren und forschen können nur wenige gleichzeitig gleich exzellent, wird aufgehoben.**

10. In einer Wissensgesellschaft wird Wissen das neue knappe Gut. Universitäten, als Produzenten von Wissen und Trainer für den Umgang mit Wissen, werden bedeutsame Unternehmen. Als Unternehmen sind sie Teile des Bildungsmarktes – eine Dimension, die in Deutschland fast noch gar nicht denkbar scheint. Die Hochschulreformdebatte, die in Deutschland seit 35 Jahren geführt wird, hat mit dem Bildungsmarkt nichts zu tun; sie beschäftigt sich mit Reorganisationen eines Bildungsorganisationsmodells, das im Kern aus dem Mittelalter, in den Endungen aus den 70er-Jahren des 20. Jahrhunderts stammt. Hochschulreform ist eine Designidee unter Kostenreduktionsbedingungen, aber keine Marktanpassung. **Es geht nicht schlicht um Reorganisation, sondern um die Neufassung des Geschäftsmodells** (mit daraus folgender Reorganisation). Die – zumindest deutschen – Universitäten bewegen sich nicht auf die organisatorische Flexibilität hin, um im Bildungskonkurrenzmarkt Marktchancen zu realisieren. Das

liegt unter anderem an einer überholten Auffassung der Bildung als öffentlichem Gut. Nicht diese Idee ist kritisch, sondern die damit verbundene Idee, nicht nur die Erstellung des öffentlichen Gutes, sondern auch seine Produktion sei eine *public institution*. Bildungszugänge für jeden können auch aufrechterhalten werden, zum Beispiel als Finanzierungsgutscheine für Konkurrenzanbieter von Bildung/Ausbildung verteilt werden. Innerhalb eines solchen hybriden Arrangements (allgemeine Grundfinanzierung über *vouchers*, flexible Organisation der konkurrierenden Anbieter) können sich Qualitätsunterschiede transparent herausbilden. Exzellente Hochschulen werden die Studentenpopulation klein halten (allein wegen der Vorteile kleiner Bildungsteams), aber wegen der Verknappung ihres Angebotes Mehrwert durch private Zusatzfinanzierung der Studenten und durch Zustiftung aus der Wirtschaft/ Gesellschaft generieren. Allgemeiner Bildungszugang und Selektion durch Aufnahmeverfahren schließen sich nicht aus: Eine *economy of scale* durch Massenuniversitäten lässt die Qualität sinken, das Humankapital nicht hochwertig ausbilden. Die *economy of scale* wird über das *distant learning* eingeführt; aber die hochwertigen Universitäten werden weiterhin kleine Klubs bilden, in denen junge Menschen in Teams durch hohe intellektuelle Anforderungen kompetent gemacht werden – **face to face, person to person, mind to mind**. Das *distant learning* lässt sich nicht als Persönlichkeitsbildungsinstitution ausbauen, nur als *knowledge-line*. Gefordert aber werden, gerade für die Führungseliten, sozial kompetente und urteilsstarke Persönlichkeiten, die nicht online entstehen. Die alte Universität wird im *High-level*-Bildungsbereich der *new educational economy*, neu strukturiert, neu entstehen. Aber als Massenuniversität die alte Universitätsidee zu simulieren, misslingt ja seit 20 Jahren. Die heutigen Universitäten kranken daran, dass sie sich nicht als Massenausbildungsfirmen organisiert haben, obwohl sie es sind.

11. So gehen wir in eine paradoxe Entwicklung: Weil die *economy of scale* das *distant* oder *e-learning* forcieren wird, werden exzellente Hochschulen ihren Wettbewerbsvorteil durch intensive Persönlichkeitsbildung in hochselektiven Bildungsclubs wiederherstellen. Da wir uns nur allmählich der Illusion entledigen, dass es in einer Wissensgesellschaft auf mehr Wissen ankäme, wird zwischenzeitlich das Experiment »mehr und schneller wissen« als neues Ausbildungsmuster um sich greifen. Aber zugleich wird sich die Einsicht, dass es nicht auf »mehr Wissen«, sondern auf das »Wissenwissen«, das heißt auf Urteils- und Kommunikationsfähigkeit in *hyper knowledge worlds* ankommt, **neue Muster persönlichkeits- und kommunikationsorientierter Bildung** entstehen lassen, die eine zunehmende Attraktivität (und Praxisnähe) bekommen, weil sie an der Schnittstelle Wissen/Nichtwissen operieren und in die Reflexion führen, das heißt in die Kompetenz, neues von altem Wissen unterscheiden und neues Wissen generieren zu können. Das geht nur in kleinen, diskursintensiven Einheiten. Inmitten der *new knowledge world* wird die Universität als Ort des längeren Gespräches und der ruhigen Überlegungen und Gedankenspiele ihre Renaissance erfahren – wie im Mittelalter:

international, hoch avantgardistisch und weltordnungs-
irritierend.

12. Die hochschulpolitisch gewünschte **Transversalität** wird
an den akademischen Zollgrenzen weiter kassiert. Der
Selektionsdruck unter Wissenschaftlern läuft in die entge-
gengesetzte Richtung: noch höhere Spezialisierung, Ab-
grenzung selbst innerhalb des eigenen Faches. Umgekehrt
wird aber in den Forschungsinstitutionen der Unternehmen – und vielleicht auch einmal in den *corporate universities*, wenn sie aufhören, eine schlechte Kopie von *business
schools* zu sein – die transversale Forschung zunehmen:
weil man Probleme lösen will und nicht die Riten und Codes
der akademischen Fächerwelten bedienen. Themen wie
»Automobilmarktzukunft« wird man mit Ingenieuren, Soziologen, Psychologen, Ethnologen, Betriebswirten etc.
zusammen beforschen; ebenso Themen wie »Stadtent-
wicklung« etc., so, wie in der Nanotechnologie Physiker,
Chemiker und Biologen zusammenarbeiten. In den Unternehmen (und der von ihnen forcierten Forschung) werden
komplexere und attraktive Forschungsarenen entstehen,
die den Universitäten Konkurrenz machen in dem Bereich,
der ihr ureigenster schien. Es werden thematisch struktu-
rierte Forschungen entstehen, nicht mehr fachlich diszipli-
nierte – eine **zweite wissenschaftliche Welt, die nicht
mehr akademisch sein wird**.

13. Die klassische Bildung – das **Humboldt-Konzept** – wird
überwintern: in kleinen, teuren Privatuniversitäten, die diesen »Luxus« herstellen werden. Es werden Elitenzentren,

die diejenigen bilden, die eine hohe und breit gefächerte Navigationskompetenz ausweisen.

III: BILDUNG ALS HYBRID:
BILDUNGSGUTSCHEINE UND
HALBWETTBEWERB.

Für deutsche Verhältnisse ist an der Idee des Bildungsgutscheines einiges neu, insbesondere die Tatsache, dass die zu Bildenden, die Bildungskonsumenten, über ihre spezifischen und diversifizierten Nachfragen die Bildungsangebote und deren Qualitäten steuern. Damit ist

1. eine Umstellung von Angebots- auf Nachfragesteuerung erreicht und wird
2. zugestanden, dass Bildungsgüter verschiedene, das heißt auch zum Teil miserable Qualitäten haben. Implizit hat das
3. die Konsequenz, dass die Bildungsangebote einer Nation Transparenz haben müssen, bis hin zu Rankings über das Qualitätsspektrum.

Indem die Bildungspolitik in Deutschland auf Bildungsgutscheine umstellt, bleibt sie weiterhin in der politischen Verantwortung für das Bildungsangebot, ohne aber selber noch automatisch Anbieter sein zu müssen. Bildung bleibt ein öffentliches Gut, aber die Produktion muss nicht mehr notwendigerweise staatlich erfolgen. An wen die Bildungsgutscheine ausgegeben werden, ist letztlich gleichgültig, wenn er bessere Bildungsqualität anbietet als alternative Anbieter. Das heißt genauer: Bildung ist kein öffentliches Angebotsmonopol mehr; auch private Institutionen können die Gutscheine abrechnen.

Man wird einwenden, dass das eine Hyperkonkurrenz gäbe. Unterscheiden wir zwischen zwei Kompetitionsebenen. Die erste Ebene ist die grundsätzlich gemeinte Ebene der Konkurrenz der Schule/Hochschule innerhalb des öffentlichen Bildungsproduktionsbereiches. Beschränkte man die Geltung des Bildungsgeldes auf den öffentlichen Bildungsraum, anstatt ihn auf den Gesamtanbieterraum auszuweiten, der dann auch die zweite Dimension privater Konkurrenz hereinnähme, dann will man die Bildungsgutscheine als Reorganisationsbillett verwenden: Als Selektionsinstanz, die die guten von den schlechten Bildungsanbietern trennt, mit der Folge, dass die schlechten nicht mehr finanziert werden – oder besser werden. Schließt man die zweite Dimension der doppelten Konkurrenz aus, belässt man noch einen Schonraum der einfachen Konkurrenz.

Wenn man allerdings von der Finanzierung von Bildungsproduktionsstätten im öffentlichen Eigentum auf Bildungsgutscheine umstellt, das heißt auf eine Finanzierung der Bildungsnehmer, die durch ihre Wahl die Bildungsanbieter finanzieren, dann kann man niemanden mehr ausschließen, auch nicht diejenigen Bildungsnehmer, die sich gegebenenfalls private Schulen/Hochschulen leisten könnten. Nicht mehr die Produktion der Bildungsgüter ist öffentlich, sondern deren Konsum öffentlich finanziert – mit der Konsequenz, dass der Öffentlichkeitsgrad der Bildung nicht beschädigt wird, wenn auch private Anbieter über die *vouchers* mitfinanziert werden.

Im Folgenden wird das Bildungsgutschein-/*Voucher*-Konzept für Hochschulen wie für Schulen verwendet. Milton Friedman hatte es 1955 für Kinder armer Leute eingeführt, dass sie sich mit den Stipendiengutscheinen in (teure) Privatschulen einkaufen konnten. Friedman geht es nur sekundär um Allokationseffizienz, es geht ihm um Verteilungsgerechtigkeit. Was Studenten als souveränen Konsumenten zugestanden werden soll, ist Eltern als mündigen Bürgern für ihre Kinder nicht vorzuenthalten. Es gibt praktische und politische Gründe, nicht gleich das ganze Bildungssystem auf *vouchers* umzustellen, aber keine systematischen. Nach Veröffentlichung der PISA-Studien stellt sich uns eindringlich die Frage, wie wir das Schulsystem im Hinblick auf Qualitätsentwicklung ebenso steuern könnten wie das Hochschulsystem, wo wir es immerhin schon diskutieren.

Die Variationsmöglichkeiten sind groß. Wenn die Bildungsnachfrage staatlich finanziert wird, wird es selbstverständlich, dass man private Finanzierungen anschließt und noch höhere Preise für höherwertige Qualitäten zahlt. Es wäre dann möglich, dass staatliche Schulen ihre Preise variieren können: billiger und höher als der Durchschnitt. Das sind natürlich Varianten, wie sie in Deutschland erst einmal nicht erörtert werden, wegen der etwaigen Anstößigkeit der Ungleichbehandlung. Wahrscheinlich wird man politisch erst einmal mit Einheitspreisen – einmal Grundschule/Hochschule = *voucher value x* – über alle Länder etc. anfangen müssen. Man will ja nur die Distributionsasymmetrien zwischen den Schulen/Hochschulen erreichen: Welche Schule/Hochschule bekommt mehr, welche weniger Schüler/Studenten? Bei anhaltender Verteilung werden die geminderten Anstalten dann aufgeben oder sich auf Sonderbereiche spezialisieren müssen.

Doch wenn man sich auf die einfache Konkurrenz beschränkt, muss man wieder andere Verwaltungsregeln einführen: Sperrung der Aufnahme bei sehr nachgefragten Anstalten, also wieder ZVS-artige Instanzen, jetzt auch bei Schulen. Es dürfte klar sein, dass jede Konkurrenz die Nachfrage nach höherwertiger

Bildungsqualität steigen lässt, was bei ungenügender Investition Warteschlagen bilden lässt, wenn die Preise starr bleiben. Wenn die Schulen/Hochschulen in die zweite Stufe der Konkurrenz einsteigen dürften, indem sie eigene Preise definierten, können sie auf zunehmende Nachfrage mit zunehmenden Preisen reagieren und *vice versa.*

Diese quasi-marktliche Flexibilisierung muss man zulassen, weil sonst die guten Bildungsinstitute in eine paradoxe Lage geraten: Weil sie gut sind, werden sie nachgefragt und verlieren ihre Qualität. Ließe man diese Institutionen a) nicht über Zusatzzahlungen (Quasi-Preise: *voucher* + Zusatzzahlung) und/oder b) nicht über Investitionen ihre Qualitätsstandards halten und verbessern, würde die *Voucher*-Steuerung über die neuen Nachfrageverteilungen nur alle guten Institute nivellieren und einen *Status quo ante* herstellen. *Voucher*-Lösungen müssen die organisatorische und vor allem investive Selbständigkeit der Bildungsinstitute zulassen: damit sie ihre eigenen Qualitätsstandards entwickeln und unvergleichlich werden gegenüber anderen.

Die *vouchers* sind sogar selber eine Art von Preissystem: Die Menge der *vouchers*, die auf die jeweiligen Schulen/Hochschulen verteilt werden, signalisiert die »Preise«, die man für die jeweiligen Anstalten zu zahlen bereit ist, durchaus in einem Ranking über alle Schulen/Hochschulen der Republik. Der »Preis« ist ein Quasi-Marktpreis, in einem eigenen Bildungswährungssystem, in dem die Währungseinheit »ein *voucher*« hieße. Je mehr *vouchers* pro Schule/Hochschule gezahlt werden, desto höher ist der Bildungswert der Anstalt.

Wenn man dieses etwas komplexere Wettbewerbsgeschehen nicht haben will, weil man meint, dass gerade gute Schulen/

Hochschulen restriktionsfrei von jedem besucht werden können müssen, dann ist die Finanzierung dieser guten Schulen, bei Sperrung wegen Überfüllung, durch gesonderte Mittelzuweisungen zu erreichen, die frei werden bei dem Abbau der schlechteren Anstalten.

Doch weder Preise noch einfache Nachfragen (und Sperrungen) steuern die Qualitätsdifferenzierungen angemessen. Was als gut gilt, setzt sich aus vielen Meinungskomponenten zusammen, zum Beispiel auch aus solchen: »Mein Kind soll nicht überfordert werden.« Gute Schulen – und nicht die Schüler suchen sich die Schulen aus, sondern die Eltern – werden sich als elternentlastend darstellen und über Reputationszuschreibungen.

Wahrscheinlich werden Schulen, die Ganzstagsunterricht anbieten, bevorzugt werden, weil sie den Eltern Aufsichts- und Schularbeitsbetreuungskonflikte nehmen. Dabei sind wir bereits bei den Wirkungen der neuen Institution Bildungsgutscheine.

Ökonomisch gesehen sind Bildungsgutscheine eine *Governance*-Struktur, das heißt eine Steuerung eines Leistungsbereiches. Sie setzen neue Anreizstrukturen, auf die die tradierte Institution organisatorisch neu reagieren muss. Je nachdem, welches institutionelle Design die *vouchers* bekommen, reizen sie verschiedene Aspekte an.

- Die einfache Variante will Qualitätswettbewerb zwischen den Schulen/Hochschulen. Dabei wird Qualität recht einfach definiert, und zwar als Präferenzurteil der Bildungsnehmer. Die Schulen/Hochschulen, die von den meisten nachgefragt werden, haben *per definitionem* die höheren Qualitäten. Praktisch haben die Bildungsnachfrager aber keine Informationen über die Leistungs- und Qualitätsunterschiede. Denn erst *ex post* wird festgestellt, wie viele sich für die jeweiligen Schulen/Hochschulen beworben haben; das sind Verwaltungsdaten, aber keine Kundendaten.

- Qualitätsdifferenzen erfordern Kundeninformationen. Eine erweiterte Variante würde über Preisdifferenzierungen erreicht. Die Schulen/Hochschulen hätten dann differente Preise, nach Kosten, Qualitäten und Reputationswert gestaffelt. Die relativen Preise geben ein besseres Bild der Qualitätsdifferenzen zwischen den Schulen/Hochschulen; sie lassen die Nachfrager wissen, wie die Institutionen sich auf dem Bildungsmarkt jeweils selbst einschätzen.

Zwischen beiden Varianten wird in Deutschland diskutiert. Beide haben Mängel. Die einfache Nachfrage nach Schulen/ Hochschulen ist häufig regional/lokal bedingt. Fahrkosten und Mietkosten sind die relevanten Entscheidungsvariablen (zumal dann, wenn die Kinder noch bei den Eltern wohnen). Regionale Präferenzen sind aber keine Qualitäts-, sondern Kriterien der Lebensqualität. Deshalb sagt eine (regionale) Präferenz für eine Schule/Hochschule wenig aus über deren Qualität (eher über deren Standort im Verkehrssystem und über deren Lebensweltpassung).

Die etwas komplexere Nachfrage über die Zahlung relativ differenter Preise erfasst die Bewertung, nicht aber die Qualität. Teure *business schools* zum Beispiel sind in der Qualität manchmal nicht besser als andere Institutionen, aber ihr Selektionswert ist höher, das heißt, die Tatsache, dass jemand auf dieser *school* angenommen wird, ist karrierefördernd, gleichsam als

Investition in das Humankapital, deren Rendite später, in Form der Einkommen, höher ausfallen soll. Dieses Schema wird sich über die Preisdifferenzierungen auch für normale Hochschulen wie Schulen ausbilden. Der primäre Wert wird die Reputation der Schule/Hochschule sein, die den späteren Marktwert des Absolventen auf dem Arbeits- beziehungsweise Einkommensmarkt reguliert.

Wir Deutschen sind in Bildungsfragen sehr inhaltsorientiert, weniger formbestimmt (was es zulässt, dass sich die Form der Pädagogik seit dem 19. Jahrhundert fast nicht geändert hat, auch nicht seit den 1968er-Zeiten; siehe PISA). Natürlich wird die Form der Lehre, was und wie gelehrt wird, immer hoch signifikant sein, aber weil wir meinten, dass alle Lehre gleich erfolge, sind wir nicht in der Lage, Unterschiede zu sehen, selbst dort nicht, wo sie längst sichtbar sind. Qualitätsdifferenzierungen durch *Voucher*-Steuerung wird die Reputationswerte der Schulen/Hochschulen verschieben beziehungsweise erstmals sichtbar machen, mit der Folge, dass die Schulen/Hochschulen differente Selektionswerte haben: Welchen Wert bekommt ein Schüler/Student, der von der Schule/Hochschule X kommt, zugeschrieben?

Mit der Qualitätsfrage, obwohl sie Ausgangspunkt der *Voucher*-Überlegungen war, sind wir noch nicht recht weitergekommen. Anscheinend spielen die pädagogischen Aspekte, um die es bei Bildung immer geht, in der Diskussion der Finanzdistributionsschemata eine weniger bedeutsame Rolle. Doch trügt das, denn die Nachfrage, die die Schulen/Universitäten jetzt anreizen müssen (die Marketingbudgets steigen beziehungsweise entstehen erstmalig), wird *Change-management*-Prozesse einleiten, die sich von den bisher getätigten vorsichtigen »Reformen« sehr unterscheiden werden. Natürlich wird man die *assets/issues* der jeweiligen Schulen/Hochschulen herausheben, wird Kernkompetenzprofile definieren und dementsprechend umorganisieren.

Das Schulsystem muss deshalb vorher relative Autonomie der Lehr- und Organisationsgestaltung bekommen, bis hin zu eigenständigen Budgets (und eigenständigen Verfügungsrechten auf Einnahmen aus höheren Preisen beziehungsweise größerer Nachfrage). Die Schulen/Universitäten müssen Investitionskompetenz bekommen und neue Formen selbständigerer Personalpolitik.

Vouchers sind nicht nur *vouchers*, sondern immer auch zugleich Reorganisationsanweisungen. *Vouchers* sind Querstrukturen, nicht auf die bescheidene Ebene der Finanzierungsumgestaltung zu rubrizieren. Jedes institutionelle Design hat organisatorische Folgen. Denn wenn man die Schulen/Universitäten, an die Schüler/Studenten drängen, besser finanziert, werden sie durch diesen Ausweitungseffekt schlechter.

Die Qualität von Bildung ist kein *Economy-of-scale*-Effekt, sondern beruht auf kleinen Bildungs- und Lerneinheiten; folglich sind Finanzierungen in gute Bildung Investitionen in bessere Lehrer-Schüler-Relationen (und in bessere Lehrer/Dozenten).

Man hat dann zwar solche Institute selegiert, an die niemand oder nur wenige gehen wollen, aber die wenigen relativ besseren Institute werden überladen mit Schülern/Studenten, die deren Bildungsqualität qua Masse mindern. Also sind Sperren notwendig. Wenn die Qualität von Bildung mit der Kleinheit der Bildungsarenen und der guten, individuellen Moderation zu tun hat, dann sind gute Schulen/Universitäten gezwungen, *closed shops* zu werden: entweder bürokratisch durch Sperren/

Höchstmengen, das heißt durch Rationierungen, oder aber durch Erhöhung der Preise. Gute Schüler, die nicht zahlen können, bekommen dann Zusatzstipendien.

Qualität wird nur in kleinen, personenorientierten Bildungsforen erreicht: kleine Klassen, kleine Gruppen, *personal coaching*. Alles andere sind auslaufende Fantasien von industrialisierten Massenbildungsbereichen, sehr sozialdemokratische Vorstellungen, die Industrie und Gleichheit zusammendachten. Unter den Folgen leiden wir heute: siehe PISA. Möglicherweise hatten wir nicht nur Unterinvestitionen im Bildungsbereich, sondern ein grundlegend falsches Konzept der Chancengleichheit, das deshalb ungeeignet war, weil es Bildungs- wie Leistungsniveaus nach dem Durchschnitt, nicht nach den individuellen Begabungen und Lernbiografien ausrichtete. Nicht die Chance, gleich zu lernen (mit negativen externen Effekten der Behinderungen anderer, die schneller sind), sondern die Chance, angemessen eingestuft und gefördert zu werden, muss auch bei der *Voucher*-Konzeption bedacht werden.

Vouchers sortieren aber nur den Ort, nicht unbedingt die Qualität. Orte mit Preisen geben eine Information mehr; aber es fehlen noch Informationen. Nun können Kinder/Eltern durchaus nicht immer einschätzen, was unterschiedliche Bildungsinstitute bieten. Deshalb wäre es angemessen, auch während der laufenden Schulphasen wechseln zu können. Hohe Wechselraten werden dann zu zusätzlichen Qualitätsindikatoren (wie auch hohe Bestandsraten).

Stellen wir zwischendurch fest:

- *Vouchers* verteilen die Nachfrage neu, das heißt, selegieren gute von schlechten Universitäten.

- Ein Wettbewerb beginnt, der aber erst dann hohe Kompetivität gewinnt, wenn er über differenzierte Preise der Schulen/Hochschulen geht.

Doch reichen Preise als Informationen nicht aus über die Qualitäten der Schulen/Hochschulen. Es müssten neue Ausweise eingeführt werden, zum Beispiel Listen über die Karrieren der Absolventen der jeweiligen Schulen/Hochschulen, am besten gleich im Internet. Denn wenn die Bürger die Schulen/Hochschulen bezahlen, und wenn erst auch nur mit vom Staat geschenktem Lenkungsgeld, beginnen sie, in Investitionskategorien über ein früher als öffentliches Konsumgut angesehenes Bildungsgut nachzudenken. Wenn dann noch private Zusatzzahlungen beginnen, ändert sich das *shared mental model* der Deutschen, das bisher auf kostenlosen Bildungstransfer ausgelegt war.

Es wäre leichtfertig, die Bildungsgutscheine lediglich als ein Finanzierungs- beziehungsweise Finanzierungsverteilungsmittel zu betrachten. Das sind sie zweifelsohne, aber die guten Schulen/Hochschulen über einen Selektionsmechanismus schlechter zu machen, indem wir sie überfüllen, während wir die schlechten Anstalten schließen, verschiebt lediglich die organisatorische Insuffizienz, indem sie die guten Institutionen erodiert. Ohne Investitionen in das Bildungswesen, wozu die Bildungsgutscheine als Allokationsmedien verwendet werden könnten, haben wir es wahrscheinlich eher mit Umverteilungen von schlecht nach gut zu tun, das heißt mit einer generellen Nivellierung der sowieso schon schwach ausgeprägten Leistungsdifferenzierungen.

Vouchers sind zwiefältige Instrumente:

- zum einen kameralistische Zahlungsanweisungen, die die Zahlungsströme für die Verwaltung neu lenken, und zwar mit dem Effekt, dass die Verwaltung eine Art *controlling* geliefert bekommt, welche Schulen/Hochschulen sie eher fördern soll als andere;

- zum anderen als ökonomisches Wertpapier.

Als kameralistische Zahlungsanweisung ist das *voucher* nur ein Kostendeckungspapier. Erst als Wertpapier, das heißt als Investmentzertifikat, würde eine neue Betrachtung eingeführt: Der Staat realloziert nicht nur seine Bildungsausgaben zur Deckung der Kosten, die das Bildungssystem hat, sondern er gibt jedem jungen Bürger eine Chance zur Investition in das eigene Humankapital, die er optimal zu nutzen erwartet, um Wachstumsprozesse in Gang zu halten, die die Gesamtwertschöpfung der Nation erhalten oder verbessern. In Zeiten, in denen sich die Gesellschaften als Wissensgesellschaften interpretieren, hat das Folgen für die Interpretation von Wertschöpfung. Es wäre fahrlässig, die Bildung in Kategorien des Humanismus des 19. Jahrhunderts aufrechtzuerhalten, während wir im internationalen Wettbewerb unsere Wertschöpfungsbasis lädierten.

Das Argument, wir dürften die Bildungssysteme nicht dem Markt öffnen, ist unzutreffend, weil es nicht darum geht. Bildungsmärkte sind andere Arenen: ohne das öffentliche Gut Bildung, ohne Bildungsverpflichtungen etc. Hier geht es hingegen allein um Steuerung von Qualitätswettbewerben eines öffentlichen Gutsangebotes. Der Staat entwaltet seine Schul- und

Hochschulbehörden, wird zu einer *Monitoring*-Instanz, die Bewertungen macht und Qualität steuert.

Vouchers sind ein erster Schritt in die Reform der Bildungslandschaft. Mit dem Charme eines *institutional redesign*, das nicht ohne Weiteres rücknehmbar wäre und vor allem eine institutionelle Dynamik hätte, die die Intransparenz über die Bildungsqualitäten aufbricht und völlig neue Informations- und Nachfragemodelle entwirft.

Von da an sind nicht nur die Hochschulen/Schulen »schlecht«, sondern auch die Eltern/Schüler, wenn sie falsch gewählt haben.

Aber die *vouchers* bieten keine Garantie, dass die Lehrqualität besser wird. Was dann später als »besser« gelten wird, kann genauso outputorientiert sein, wie man heute »bessere« von »schlechteren« *business schools* meint unterscheiden zu können. Die *vouchers* lösen nur Probleme der Allokationseffizienz, was aber als Qualität und als Qualitätsdifferenz wahrgenommen wird, bleibt den Mustern gesellschaftlicher Wahrnehmung übereignet, die gelten.

Hier kommt eine weitere Paradoxie ins Spiel: Man weiß, dass die Qualität der Lehre bei Schulen wie bei Hochschulen von kleinen Lerngruppen abhängt, von der Fähigkeit der Lehrer/Dozenten, zu begeistern und die Schüler/Studenten emotional in Regie zu nehmen, vom *personal coaching* (der Lehrer/Dozenten für die Schüler/Studenten wie für die Lehrer/Dozenten selbst, durch *professionals* in ihren Organisationen). Aber Qualität wird, in Kostentermen, als schneller Umsatz, beschleunigter Durchsatz, feste und harte Curricula etc. verstanden. Solche pädagogischen bis antipädagogischen Konzeptionen, die nach dem Schema »schneller lesen = mehr Wissen pro Zeiteinheit« operieren, sind letztlich destruktiv, weil sie keine Bildung für

Wissensgesellschaftsakteure bieten, sondern kurzzeitgedächtnistrainierte Opportunisten, deren intellektuelles Kapital und vor allem ihr soziales Kapital unausgebildet ist und später nicht mehr, oder nur zu hohen Kosten, reaktivierbar sein wird.

Vouchers beziehungsweise Bildungsgutscheine können einen Qualitätswettbewerb initiieren, aber sie definieren nicht *sui generis* mit, was Qualität ist. Doch bieten sie ein institutionelles Design der Bildungslandschaft, in der die Gesellschaft viel stärker als jemals zuvor ausdifferenzierte Angebote diverser Qualitäten bekommt. Umso genauer wird man jeweils wissen müssen, was Qualität heißt. Die höhere Diversität fordert höhere Spezifität in der Nachfrage. Aber das wäre ein Zugewinn gegenüber dem Status quo, den wir uns fast nicht zu erwarten trauen.

ANMERKUNGEN

1 Priddat 2014b.
2 Vgl. Priddat 2012a, Kap. 1.
3 Baecker 2007b.
4 Masing 2011.
5 Vgl. Mintzberg 2005.
6 Mintzberg 2009.
7 Der Bologna-Prozess beruht auf einer europaweiten »Ökonomisie-rung« der Universitäten, auf einer Konzeption, die die Verwaltungen stärkt gegenüber dem akademischen personalen Inventar. Aus ihrer klassischen exekutiven Funktion wechselt sie über die »Ökonomisie-rung« in eine gleichsam legislative Deutungsmacht der Organisation. Da sie budgetär und rechtlich politisch gekoppelt bleibt, haben wir es mit einer Form der politischen Ökonomie zu tun, die die Studenten-flut regulieren will, ohne dass die – politisch zu definierenden – Bud-gets erhöht werden. Das sind keine rein ökonomischen Operationen, obwohl sie verwaltungstechnisch so gehandhabt werden, sondern Effekte der Staatsverschuldungen, die die öffentlichen Güter mini-mieren – klassische politische Entscheidungen. Wir haben es mit einer politisch gewollten Verknappung zu tun, die keinem – wie behauptet – Bildungseffizienzkriterium folgt, sondern einer Verdichtung der Raum-kapazitäten bei fehlender Investitionswilligkeit des angemessenen Aus-baus (von Raum und Lehrkapazität). Diese Verwaltungspolitik wird als »Ökonomisierung« ausgegeben, um an Effizienznarrative anzu-knüpfen, die faktisch nicht bedient werden (mit der Folge aber, den Professoren *Fundraising*-Aktivitäten zu oktroyieren, indem sie ihre Forschungsgelder in einem intransparenten Wettbewerbsmarkt selber beschaffen müssen (ein zweiter Spareffekt: Es geht nicht um For-schungsverbesserung, sondern um Auslagerung von Kostenstellen. Dass damit eine Forschungsoptimierung einhergehe, ist Legitimati-onskommunikation der Bildungspolitik. Man erhöht die *perfor-mance*, aber nicht die Qualität der Forschung). Es geht gar nicht um *management* der Universitäten, sondern um eine kostenreduktive

Verwaltung (letztlich nicht um die Universitäten, sondern um die – politischen – Budgets).

Eine ökonomische Bildungslandschaft der Hochschulen würde erst dann entstehen, wenn jeder Student zum Beispiel ein *voucher* bekäme (statt der Direktfinanzierung der Universitäten also eine indirekte Finanzierung durch individuell verteilte Nachfrage), das wettbewerblich alloziert würde. Das würde bedeuten, dass die unattraktiven Universitäten mangels Zulauf schließen müssten. Das hätte zwei Effizienzvorteile: Die Studierenden suchen sich frei ihre Universitäten aus (Wettbewerb 1), und die Universitäten müssten sich um Leistungsangebote bemühen (Wettbewerb 2). Erst über die *Voucher*-Währung entstünde ein *Quasi*-Markt.

Das Kostenmanagement der Verwaltungen ist weit entfernt davon, eine Ökonomisierung der Universitäten zu bewirken, Es ist lediglich der (Verwaltungs-)Hebel, den die Politik einsetzt, um ihr Budget zu entlasten zugunsten anderer Handlungsspielräume (das Budget ist eine politische Konstruktion von Geldverfügungen). Was das für die Bildungsprozesse an Universitäten bedeutet, hat niemand konzeptionell grundlegend bedacht.

8 Vgl. dazu kritisch Priddat 2014b.

9 Bildung ist ein Transformationsgut: Es gehört zu den Aufgaben von bürokratischen Organisationen wie Universitäten, für die sie am wenigsten geeignet sind: »Aufgaben, die eine Kooperation von Personen an ihrer eigenen Änderung voraussetzen« (Luhmann 1992, S. 109). Das weist auf die *differentia specifica* der Bildung: a) Transformations- statt Wissensgüter zu produzieren, die b) Kooperation erfordern (statt Lieferung und Abnahme).

Transformationsgüter sind *Prosuming*-Objekte: Sie erfordern Mitarbeit desjenigen, der scheinbar »konsumiert«. Die Qualität von Bildung besteht nicht in formellen Modulsequenzierungen und Prüfungsstress, sondern im Aufbau einer Arena, in der junge Menschen längeren Gedankenspielen nachgehen können, die sie reifen lassen und denkerisch bilden. Bildung als Transformation ist ein Vertrag besonderer Art zwischen Universität und Studierenden: Man unterstellt sich gewissen Regeln, um – geleitet und korrigiert – Denken zu lernen, neben etlichen Tools und praktischen Übungen.

Bildung als Transformation erfordert Kooperationsstrukturen, die methodisch, didaktisch und inhaltlich Änderungen generieren: Reorganisation nach Kriterien der Mitarbeit von Dozenten und Studierenden. Nicht mehr das Zertifikat ist entscheidend (für den Wert des Studierens), sondern die Potenziale, die die Studierenden in ihre Tätigkeitsfelder mitnehmen, um sich als Entscheider und *change agents* zu bewähren.

»Transformationsgüter« ist der Name für ein Konzept von Bildungsproduktion, das weder konfektionierte Zertifikatsmassenware noch elitäre Selektivität anstrebt, sondern ein *institutional design* für eine Bildungsarena, in der *diversity and specificity* zu individuellen Bildungsprofilen ausgebaut werden. Es könnte ein europäisches Modell werden.

Die Antwort ist so einfach wie komplex: Bildung. In einer Wissensgesellschaft, in der es – paradoxerweise – weniger auf Wissen als auf Wissensdispositions- und Wissensgenerierungskompetenz ankommt, sind die Ausbildungen verführerische Irrwege in die Engführung des Fachlich-Spezifischen, dessen anhaltende Änderungsbedarfe hohe Folgekosten generieren werden.

10 Stadelmaier 2012.
11 Reiser 2011; Marius Reiser ist ein ehemaliger katholischer Theologe der Universität Mainz, der aus Protest gegen die Bologna-Reformen seine Professur aufgegeben hat.
12 Baecker 2014.
13 Vgl. Baecker 2007 b.
14 Ebd.
15 Weiler et al. 2003, S. 44; vgl. auch Hentschel 2001.
16 Bender 2011, S. 18.
17 Ebd., S. 19.
18 Vgl. Krengel 2006, Teil B, C und D; Spoun, Domnik 2004.
19 Krengel 2006.
20 Meyn 2010.
21 Gaehtgens 2009.
22 Vgl. Mittelstraß 2009.
23 Csíkszentmihályi 2013.
24 Vgl. für eine schematische Einleitung Spoun, Domnik 2004.
25 Gaethgens 2009, S. 59.

26 Vgl. auch Krengel 2006, Kap. 12.

27 Vgl. Priddat 2014b.

28 »Pessimisten sind lächerlich«, sagt George Steiner, einer der hochge-
   bildeten letzten Europäer (Steiner 2014). Mit sechs Jahren las er den
   Homer auf Griechisch. Die alte Hochkultur ist vorbei. Steiner kann
   ihr noch etwas abgewinnen: »Wir brauchen die altmodische Disziplin des Lernens, und dann wird es zur Freude. Es dreht sich um.
   Eines Tages sagt man, auch ich kann Homer lesen« (Steiner 2014).
   Wer sich heute trauen mag ...

29 Vgl. Pasero, Priddat 2003.

30 Vgl. Overhoff 2009.

31 Gumbrecht 2005, S. ??

32 Jansen 2010, S. ??

33 Ebd.

34 Sehr viel allgemeiner dazu vgl. Priddat 2013.

35 Vgl. auch Spoun, Domnik 2004, Kap. 4: »Forschen als Student«.

36 Lottes 2011.

37 Steiner 2007.

38 Dörpinghaus 2009.

39 Richard 2009, S. 483.

40 Vgl. Meyer 2009.

41 Rorty 2008, S. 181.

42 Ebd., S. 169.

43 Ebd., S. 162; vgl. auch Bloom 2000.

44 Grossarth 2009 a.

45 Grossarth 2009 b.

LITERATURVERZEICHNIS

Arnold, Rolf (2010): »Das Ende der Präsenzuniversität«. In: *FAZ* vom 08.06.2010, S. N 5

Baecker, Dirk (2007a): *Wozu Gesellschaft?* Berlin: Kadmos

Baecker, Dirk (2007b): *Studien zur nächsten Gesellschaft*. Frankfurt am Main: Suhrkamp

Baecker, Dirk (2014): »Zukunftsfähigkeit. 22 Thesen zur nächsten Gesellschaft«. http://catjects.wordpress.com/2013/07/02/zukunftsfahigkeit-22 -thesen-zur-nachsten-gesellschaft/

Baurmann, Jana Gioia (2014): »Generation zu teuer?«. In: *Zeit* Nr. 17, 2014, S. 29

Bender, Justus (2011): »Bin ich schon zu alt?«. In: *Zeit-Campus* Nr. 2, März/April 2011

Bloom, Harold (2000): *How to Read and Why*. New York: Scribner

Csíkszentmihályi, Mihály (2013): *Flow. Das Geheimnis des Glücks*. Stuttgart: Klett-Cotta

Dörpinghaus, Andreas (2009): »Bildung. Plädoyer wider die Verdummung«. In: *Lehre & Forschung*, Supplement 9/2009

Frühwald, Wolfgang (2010): »Wo kommen wir her? Wo gehen wir hin? Universitäten am Scheideweg«. In: *Forschung & Lehre* Nr. 12, 2010, S. 860–864

Gaehtgens, Christiane (2009): »Eine Uni für alle«. In: *Zeit* Nr. 34, 2009, S. 59

Glotz, Peter (1996): *Im Kern verrottet? Fünf vor zwölf an Deutschlands Universitäten*. Stuttgart: DVA

Grossarth, Jan (2009a): »Überqualifikation. Zu gut für diesen Job«. http:// www.faz.net/s/RubC43EEA6BF57E4A09925C1D802785495A/Doc~E 57475F075D60453C9693B0FEFA78BBBF~ATpl~Ecommon~Scontent. html

Grossarth, Jan (2009b): »Diplome und Krawalle. Krise und Bildungsexpansion: Es gibt immer mehr überqualifizierte Akademiker«. In: *FAZ* vom 12.09.2009, S. N 5

Gumbrecht, Hans Ulrich (2005): »Wie bilden sich Eliten?« (Deutschlandradio Kultur) http://www.dradio.de/dkultur/sendungen/signale/375999/

Hentschel, Th. R. (2001): »Dialogische Handlungs- und Entscheidungskompetenzen. Welche Bildung brauchen wir für das Wissenszeitalter?« In: Alfred Herrhausen Gesellschaft (Hrsg.): *Orientierung für die Zukunft. Bildung im Wettbewerb.* München und Zürich, S. 137–152

Huber, Bernd (2005): (Hrsg.): *Humboldt neu denken.* Köln: Hanns Martin Schleyer-Stiftung

Jamme, Christoph; Schröder, Asta von (Hrsg.) (2011): *Einsamkeit und Freiheit. Zum Bildungsauftrag der Universität im 21. Jahrhundert.* München: Fink

Jansen, Stephan A. (2010): »Die Zukunft der Universität. Ein Lob der Disziplinlosigkeit«. In: *taz* vom 12.04.2010

Krengel, Martin (2006): *Der Studi-Survival-Guide.* Berlin: uni-edition

Kuenheim, Eberhard von (2011): »Wider die Ökonomisierung der Bildung«. In: *FAZ* vom 12.04.2011, S. N 5

Ladenthin, Volker (2014): »Es fehlt an Urteilskraft«. In: *FAZ* vom 05.06.2014, S. 7.

Lottes, Günther (2011): »Wenn Chancengleichheit mit Nivellierung verwechselt wird«. In: *FAZ* vom 28.04.2011, S. 8

Luhmann, Niklas (1992): *Universität als Milieu.* Bielefeld: Haux

Masing, Johannes (2011): »Wissen und Verstehen«. In: *FAZ* vom 29.12.2011, S. 7

Metcalf, Christopher (2011): »Dissertation mit externer Kontrolle«. In: *FAZ* vom 03.05.2011, S. 8

Meyer, Hans Joachim (2009): »Nur Mut zu einer Reform der Reform«. In: *FAZ* vom 06.07.2009, S. 7

Meyn, Jörn (2010): »Ich kann nicht monatelang Foucault lesen« (Interview). In: *FAZ* vom 18.05.2010, S. 10

Mintzberg, Henry (2005): *Manager statt MBAs. Eine kritische Analyse*. Frankfurt am Main: Campus

Mintzberg, Henry (2009): »Fürchterlich oberflächlich« (Interview). In: *Spiegel* Nr. 33, 2009, S. 55

Mittelstraß, Jürgen (2009): »Wie die Lust an der Wissenschaft ausgetrieben wird«. In: *FAZ* vom 20.08.2009, S. 6

Ottenschläger, Madlen (2008): *Das Uni-Einmaleins*. München: dtv

Overhoff, Jürgen (2009): *Vom Glück, lernen zu dürfen*. Stuttgart: Klett-Cotta

Pasero, Ursula; Priddat, Birger P. (2003): »Neue Führungsstile und das Glass Ceiling Phänomen: ein Vergleich zwischen Organisationssystemen in Wirtschaft und Wissenschaft«. Forschungsbericht für das Bundesministerium für Bildung und Forschung

Priddat, Birger P. (2000): »Universities on markets. 12 Thesen«. In: *Forschung & Lehre Nr. 7, 2000, S. 519–521*

Priddat, Birger P. (2002): *Nachlassende Bildung*. Marburg: Metropolis

Priddat, Birger P. (2003): »Weiterbildung als Markt. Ökonomische Thesen zur Bildungsfinanzierung«. In: *EB: Erwachsenenbildung*, Nr. 1, 2003, 49. Jg., S. 11–14

Priddat, Birger P. (2007): »Wer investiert? Ein neuer Generationenvertrag zur Bildung in Wissensgesellschaften«. In: *Wirtschaftsdienst,* H. 3, 2007, 87. Jg., S. 151–155

Priddat, Birger P. (2009): »Universitäten des 3. Jahrtausends?«. In: *Wirtschaftsdienst*, H. 6, 2009, 89. Jg., S. 368–372

Priddat, Birger P. (2011): »Wozu Universität?«. In: Jamme (2011), S. 139–152

Priddat, Birger P. (2013): *Die unmögliche Demokratie*. Frankfurt am Main/New York: Campus. E-Book: http://e-books.campus.de/product_info.php?info=p1503_Die-unm--gliche-Demokratie.html

Priddat, Birger P. (2014a): *Homo Dyctos. Netze, Menschen, Märkte*. Marburg: Metropolis

Priddat, Birger P. (2014b): »Reicht Bildung?«. In: *EWE (Erwägen, Wissen, Ethik)*, H. 2, 2014, 25. Jg.

Reiser, Marius (2011): »Wer will die Universität den noch erhalten?«. In: *FAZ* vom 12.09.2011, S. N 5

Richard, Alison (2009): Interview. In: *Forschung & Lehre* Nr. 7, 2009

Rorty, Richard (2008): *Philosophie als Kulturkritik*. Frankfurt am Main: Suhrkamp

Rust, Holger (2005): *Das Elite-Missverständnis. Warum die Besten nicht immer die Richtigen sind*. Wiesbaden: Gabler

Schlüter, Andreas; Strohschneider, Peter (Hrsg.) (2009): *Bildung? Bildung!* Berlin Verlag

Schmidt, Phillip (2014): »Das Lernen, von morgen. Wie sieht die Universität der Zukunft aus?« MIT Media Lab, http://www.digital-ist.de/die-themen/der-blog-zum-wissenschaftsjahr/das-lernen-von-morgen.html

Spoun, Sascha; Domnik, Dominik Battiste (2004): *Erfolgreich studieren*. München et al.: Pearson

Stadelmaier, Gerhard (2012): »Mein Bundespräsident«. In: *FAZ* vom 13.01.2012, S. 31

Steiner, George (2007): »Bildungsideale«. In: *Lettre International* Nr. 77, 2007, S. 70–75

Steiner, George (2014): »Pessimisten sind lächerlich« (Interview). In: *Zeit* Nr. 17, 2014, S. 45

Weiler, Hans N. et al. (2003): »Hochschulpolitik als Arbeitsmarktpolitik«. In: Bensel, Norbert; Weiler, Hans N.; Wagner, Gert G. (Hrsg.): *Hochschulen, Studienreform und Arbeitsmärkte. Voraussetzungen erfolgreicher Beschäftigungs- und Hochschulpolitik*. Bielefeld: Bertelsmann, S. 33–71